Elogios para *Atrévei*

«En *Atrévete a empode,* pone, como decimos en español, "el dedo en la llaga". El desafío clave para los líderes hispanos de hoy en día es arriesgarse a empoderar a sus mejores seguidores jóvenes. Como presidente de una universidad que está cerca de la nueva generación, puedo prometer que los que respondan a este llamado, ¡serán bien recompensados!».

—**Joseph Castleberry, Doctor en Educación**
Presidente de Northwest University
y autor de *Los Nuevos Peregrinos: Cómo los inmigrantes están renovando la fe y los valores de los Estados Unidos*

«El doctor Maynor Morales tiene una pasión por la preparación del clero y de líderes laicos para la Generación Hispana Emergente de cristianos. Se basa en una rica experiencia pastoral multicultural, multilingüe y multinacional en el desarrollo y empoderamiento de líderes hispanos. El doctor Morales integra principios bíblicos, conciencia contextual y directrices prácticas para la capacitación ministerial. Él es especialmente hábil en centrarse en el discipulado, la mentoría y la formación espiritual para el alcance intergeneracional y de la inmigración. Le recomiendo altamente el libro del doctor Morales para la preparación de líderes en las comunidades hispanas en formas que son bíblicamente profundas, sensibles desde el punto de vista cultural y eficaces para el ministerio».

—**Don Thorsen, Ph.D.**
Profesor de Teología, Azusa Pacific University Seminary

«Esta es una excelente contribución a la voz emergente del pensamiento pentecostal latino. El doctor Morales combina

un gozo pentecostal en la Escritura con una clara necesidad de desarrollar el liderazgo pentecostal en la Iglesia y en el mundo».
—**Rev. Isaac J. Canales, Ph.D.**
The Mission Eben-Ezer Family Church [Misión Iglesia de la familia de Eben-Ezer]
Expresidente del Instituto Bíblico Latinoamericano (LABI) y Profesor Adjunto y de Departamento,
Seminario Teológico Fuller

«A medida que la comunidad protestante latina sigue creciendo, se necesita una nueva generación de líderes que puedan responder a los retos de guiar a una nueva generación de creyentes latinos a ser fieles seguidores de Jesucristo. El doctor Maynor Morales invita a mirar la obra de uno de los distritos de la denominación protestante latina más grande en EE. UU., las Asambleas de Dios, mientras ellos abordan este reto. Su trabajo proporciona una visión importante sobre su experiencia que puede ser utilizada por cualquier persona que esté involucrada en esta tarea tan relevante».
—**Juan Francisco Martínez, Ph.D.**
Vicepresidente de Ministerios Internacionales de Diversidad
Seminario Teológico Fuller

«Me complace reconocer la obra literaria de mi estimado amigo, el Pastor Maynor Morales. Se trata de un documento que nos ofrece los argumentos bíblicos para dar dirección a una nueva generación de jóvenes de nuestras iglesias hispanas, que confrontan cada día doctrinas falsas y espíritus engañadores que pretenden desviarlos de las normas divinas. El contenido de este libro tiene suficiente esencia doctrinal y argumentos bíblicos para formar el carácter y los valores de una nueva generación que impulse el desarrollo de nuestra fe. Mi más sincera felicitación al Dr. Maynor Morales por tan excelente documento. ¡Enhorabuena campeón!».
—**Presbítero Abel Flores Acevedo**
Superintendente General de las Asambleas de Dios en México

ATRÉVETE A EMPODERAR ¡AHORA MISMO!

Desarrollo de líderes en la Generación
Hispana Emergente

Dr. Maynor Morales

Derechos de autor © 2016 por Dr. Maynor Morales

Atrévete a empoderar. ¡Ahora mismo!
Desarrollo de líderes en la Generación Hispana Emergente
por Dr. Maynor Morales

Impreso en los Estados Unidos

ISBN 9781498482141
(disponible en versión impresa y en e-book).

Todos los derechos reservados exclusivamente por el autor. El autor garantiza que todos los contenidos son originales y no infringen los derechos legales de cualquier otra persona o trabajo. Ninguna parte de este libro puede ser reproducida en cualquier forma sin el permiso del autor. Las opiniones expresadas en este libro no son necesariamente las de Xulon Press.

A menos que se indique lo contrario, las citas de la Escritura utilizadas en este libro son tomadas de LA BIBLIA DE LAS AMERICAS © Copyright 1986, 1995, 1997 by The Lockman Foundation. Usadas con permiso.

El texto bíblico indicado con «NTV» ha sido tomado de la *Santa Biblia*, Nueva Traducción Viviente, © Tyndale House Foundation, 2010. Usado con permiso de Tyndale House Publishers, Inc., 351 Executive Dr., Carol Stream, IL 60188, Estados Unidos de América. Todos los derechos reservados.

Las citas bíblicas indicadas con «NVI» son tomadas de La Santa Biblia, Nueva Versión Internacional® NVI® Copyright © 1999 por Biblica, Inc.® Usado con permiso. Reservados todos los derechos mundialmente.

Las citas bíblicas indicadas con «PDT» son tomadas de La Biblia: La Palabra de Dios para Todos (PDT). Copyright: © 2005, 2008, 2012 Centro Mundial de Traducción de La Biblia.

Traducido al español y editado por Grupo Scribere (www.gruposcribere.com)

NOTA DEL AUTOR: Los nombres de algunas personas mencionadas en esta obra han sido cambiados para proteger su privacidad.

Título en inglés: Dare to Empower–Now,
Developing Leaders in the Emerging Hispanic Generation
© 2016 por Dr. Maynor Morales
Publicado por: Xulon Press

www.xulonpress.com

DEDICATORIA

A mi esposa, Evie. A mis hijas, Krystal y Tiffany (que son parte de la Generación Hispana Emergente). A la memoria de mis padres, Matías y Silveria Morales. Y principalmente, al mayor de los líderes, Jesucristo.

ÍNDICE

Agradecimientos xiii
Prólogo xv
Introducción xix

Parte A. EL CONTEXTO HISPANO

Capítulo 1:   Trasfondo 31
Capítulo 2:   Retos. 45

Parte B. LA BIBLIA Y EL LIDERAZGO EMERGENTE

Capítulo 3:   Antiguo Testamento 59
Capítulo 4:   Nuevo Testamento 75

Parte C. CASO DE ESTUDIO: LAS ASAMBLEAS DE DIOS

Capítulo 5:   El desarrollo pentecostal en Estados
              Unidos 93
Capítulo 6:   La formación del Distrito Latinoamericano del
              Pacífico Norte (NPLAD) 107

Parte D. ENFOQUES AL LIDERAZGO

Capítulo 7: Desarrollo del liderazgo 126
Capítulo 8: Formación espiritual 130
Capítulo 9: Discipulado 157
Capítulo 10: Alcance intergeneracional 189
Capítulo 11: Mentoría........................... 219

Conclusión 233
Notas..237
Sobre el autor 249

AGRADECIMIENTOS

Evie, eres el amor de mi vida. El estímulo, el apoyo y la paciencia que me has brindado durante todos mis años de estudio son de un valor incalculable. Gracias también a Krystal y Tiffany, mis dos hermosas hijas, por soportar a papá y nunca quejarse ni una vez por las largas horas de estudio e investigación; siempre dispuestas a sacrificar el tiempo de la familia que podría haber pasado con ustedes. Agradezco a mi padre y a mi madre, Matías y Silveria, cuyo legado de liderazgo me ha animado a buscar la excelencia en el ministerio.

También me gustaría dar las gracias a mis hermanos y hermanas. Gracias Mizrrahim, por darme la oportunidad de ejercitar y desarrollar las habilidades del liderazgo al ser tu pastor asociado. Gracias Josué, mi hermano y amigo, que junto a mis familiares y amigos, me impulsaste y animaste cada día con la pregunta: «¿No has terminado el capítulo todavía?». Adonías, René, Reyna y Marina, estoy muy agradecido por su amor y apoyo.

Los mentores son fundamentales para el desarrollo del liderazgo. Doctor Jesse Miranda, gracias por ser mi mentor y por contribuir decisivamente a mis estudios bíblicos en Azusa Pacific University. Doctor Enrique Zone, gracias por ser mi mentor durante mi proyecto de Doctorado en Ministerio en Azusa

Pacific University. Doctor Dan Thorsen, gracias por creer en mí y motivarme a escribir este libro.

A la iglesia maravillosa, Nuevo Amanecer/New Dawn, donde serví como pastor durante quince años; gracias por sus oraciones, paciencia y apoyo durante mi travesía en el doctorado. Gracias también a los ejecutivos del Distrito Latinoamericano del Pacífico Norte por su vital información y apoyo.

Por último, quisiera agradecer de manera muy especial a mis editoras: mi esposa, Evie; Irene Cruz; Janice Baskin y Sally Casey.

PRÓLOGO

Este libro trata sobre el muy necesario llamado al desarrollo de una futura generación de líderes jóvenes, y las estrategias organizacionales que contribuirán a este propósito. Mientras lo leía, me acordé de mi experiencia a la edad de ocho años. Después de un servicio de domingo por la noche, me senté en el banco de la iglesia esperando que mi madre terminara de orar en el altar. Finalmente, ella se acercó y se sentó a mi lado, me abrazó y susurró: «Cuando te hagas un hombre, yo quiero que seas un hombre instruido». Sin saber todo lo que esto implicaba, le respondí: «¡Sí, mamá!». Luego señaló a un joven que oraba fervientemente en el altar y dijo: «¡Ese es un hombre instruido!». José Martínez era el líder de jóvenes de la iglesia, solista en el programa de radio y diácono. También era la única persona que yo conocía que tenía más que un diploma de preuniversitario; él tenía dos títulos universitarios y era profesor de ingeniería en la Universidad de Nuevo México. La imagen que quedó grabada en mí fue un hombre con «un corazón en llamas y una mente ardiente».

Atrévete a empoderar. ¡Ahora mismo! nos recuerda que no debemos olvidar la bendita experiencia de ser convertidos a Cristo, pero también es una súplica para avanzar hacia un discipulado y un liderazgo que sean relacionales, relevantes, intencionales y basados en la experiencia. Como joven convertido tuve ancianos y mentores que me enseñaron que estaba siendo llamado a una vida espiritual; esa búsqueda de Dios que depende de los ojos del corazón. Pero también me enseñaron que mi respuesta a ese llamado era el desarrollo y la búsqueda del conocimiento: los ojos de la mente. Me he visto obligado a encontrar formas para que mis ojos trabajen juntos a fin de encontrar un enfoque común que abarque la realidad en todas sus increíbles dimensiones para mi corazón que busca el espíritu y para mi mente que busca el conocimiento.

Es una pasión ferviente y un conocimiento agudo para la integración de un corazón en llamas y una mente ardiente lo que crea una visión bifocal y una «doble» escucha: para el servicio y el ministerio. Es un llamado que se encuentra en la intersección de la iglesia, la escuela y la comunidad para todas las generaciones futuras. En esto radica la esperanza de fomentar un discipulado verdadero y bíblico para el avivamiento tan necesario de la Iglesia y para el bien común de la comunidad.

Fui testigo del liderazgo de Maynor cuando era joven. Tuve el privilegio de conocer a la familia Morales poco después de que vinieron de Guatemala. El padre de Maynor ya había sido un destacado líder en su país. Llegué a conocer bien a la familia y tuve el honor de llevar a cabo la ceremonia de matrimonio de Maynor y su esposa, Evie, y de oficiar en su vigésimo quinto aniversario. También he sido testigo de la capacidad de liderazgo de Maynor cuando lo tuve como estudiante y al continuar como mentor suyo. Hemos permanecido siendo amigos y él continúa siendo un líder exitoso.

El pastor Morales ofrece consejos y planes edificantes para ayudar a que las denominaciones hispanas avancen hacia el futuro. Nosotros no conocemos el futuro, solo el pasado y el presente. Una cosa que sí sabemos y es que la nueva generación permanecerá en la iglesia no solo porque se predica la verdad, sino también porque esta hace que la verdad sea relevante para su cultura y necesidades.

Prólogo

Lo mismo es cierto para todos los cristianos, la iglesia, el distrito y todas las organizaciones. El medio por el que integramos el pasado, el presente y el futuro en nuestro pensamiento y vida es vital. Aquí se tratan dos grandes desafíos. La tensión entre el «entonces» (pasado), y el «ahora» (presente). En segundo lugar, hay una tensión entre el «ahora» (presente) y el «todavía no» (futuro). ¡En todas las cosas y en todo momento, sea Dios glorificado! Una leyenda organizacional para recordar: siembra una acción y cosecharás un hábito; siembra un hábito y cosecharás un carácter; pero siembra un carácter y cosecharás un destino para la Iglesia.

—**Dr. Jesse Miranda,**
Presbítero ejecutivo del Concilio General de las Asambleas de Dios,
Presidente del Centro Jesse Miranda para el Liderazgo Hispano

INTRODUCCIÓN

Corría el año 1962, y era una hermosa mañana en la ciudad de Guatemala. Una familia pastoral de nueve miembros, con cinco hijos y dos hijas, estaba sentada a la mesa de la familia mientras tomaban su desayuno, y los niños estaban a punto de irse a la escuela. De repente, se oyó un toque en la puerta principal de la casa pastoral. Sin vacilar, el niño pequeño de la familia se echó a correr a través de un largo pasillo de tierra, que conducía a la puerta principal.

—¿Quién es? —preguntó el niño.
—Soy yo, el hermano Felipe.
—¿Qué es lo que desea?
—Necesito hablar con el pastor principal —fue la respuesta de Felipe, y luego comenzó a dar razones sobre el motivo de su petición—. Mira, tengo un problema que requiere el consejo del pastor lo más pronto posible.

El hijo del pastor abrió la puerta.

—Yo soy el pastor principal, puede compartir sus problemas conmigo.

—¡Pero tú solo tienes cinco años! — Felipe respondió en broma—. Por otra parte, tú no eres el pastor Matías y yo no puedo compartir mi problema contigo.

La conversación que siguió fue nada menos que el hijo de un pastor imitando a su padre. El niño pequeño alzó con orgullo la voz y pronunció las siguientes palabras:

—Mi nombre es Matías, y sucede que este nombre es el del pastor principal, y por lo tanto, para que lo sepa, yo soy el pastor. Por otra parte, lo que en realidad usted necesita hacer es ir directamente a la iglesia, arrodillarse ante el altar y comenzar a orar. Voy a poner las manos sobre usted. Sé que después de mi oración, usted experimentará la ayuda de Dios.

Cuando el pastor principal (el padre del niño) llegó a la iglesia, el niño ya había orado por el hermano Felipe, quien se sentía tranquilo y estaba listo para hablar con el verdadero pastor principal.

Esta historia verdadera y amena es una que nunca olvidaré. Mi padre, Matías Morales, era el pastor principal de la iglesia antes mencionada, llamada Iglesia El Sinaí. Mi difunto padre, que murió a la edad de noventa y cinco años, fue un pastor activo cuya pasión por el Señor y por el liderazgo fluía por sus venas, y estaba grabada en su corazón y alma. Todavía se puede recordar su amor y pasión por el desarrollo del liderazgo, especialmente a través de los mensajes que daba en la iglesia que fundó hace treinta y tres años en Harbor City (California).

Han transcurrido cincuenta y tres años desde la conversación entre el niño y el hermano Felipe en la ciudad de Guatemala. El pequeño de cinco años de edad que abrió la puerta era yo, y he tenido la bendición de seguir los pasos de mi padre. Yo fui el pastor principal de una iglesia en Fremont (California), llamada Centro de Adoración Nuevo Amanecer/New Dawn Worship Center durante más de quince años. La iglesia pertenece a las Asambleas de Dios, que resulta ser la misma denominación de la iglesia que mi padre pastoreó una vez en Guatemala. Hoy en día, mis dos hijas son las que se forman en el liderazgo, y al igual que yo hacía, ellas atienden nuestra puerta cuando los miembros de la iglesia de la misión que actualmente estamos plantando piden mi ayuda en temas espirituales.

Mi padre ha sido mi mentor, pero aún más, es una de las personas más influyentes en mi travesía de desarrollo como líder. No soy el único miembro de la familia que puede testificar a favor del legado de mi padre en cuanto al desarrollo del liderazgo. Sus siete hijos e hijas que estaban sentados alrededor de la mesa del desayuno en aquella hermosa mañana, hace cincuenta y tres años, en la actualidad sirven como líderes en sus respectivas iglesias. Nuestro legado ministerial se remonta a principios de la década de 1930. Nosotros somos la tercera generación de ministros dentro de las Asambleas de Dios. Las dos primeras generaciones de pastores y líderes dentro de nuestra familia se desarrollaron en Guatemala. Mi abuelo, el tío de mi padre, y mi padre estuvieron entre los primeros pastores con credenciales ministeriales de las Asambleas de Dios en su país.

Un educador muy respetado, llamado Virgilio A. Arceyuz escribió un libro que compila y narra la historia del evangelio en Guatemala. En su libro, *Historia de la iglesia evangélica en Guatemala*, él escribió un capítulo sobre el nacimiento de las Asambleas de Dios en el país. En este capítulo, Arceyuz registra la primera Conferencia de las Asambleas de Dios, así como los primeros ministros ordenados:

> De esa manera, en Atescatempa, del 31 de diciembre de 1937 al 2 de enero de 1938, se celebró la primera Conferencia Anual de las Asambleas de Dios en Guatemala... En esa ocasión también se ordenó a los primeros pastores de las Asambleas de Dios en Guatemala, siendo ellos los hermanos Gerardo Ortiz, Toribio Ramírez, Lorenzo Morales, Félix Carias, Julián Morales...[1]

Lorenzo Morales era mi abuelo y Julián Morales era el hermano de mi abuelo. Este libro, junto con muchos otros documentos, sirve como un testimonio de la participación temprana de los Morales en el ministerio.

Durante la década de 1940 el reverendo Juan L. Franklin (un misionero de las Asambleas de Dios en Guatemala) hizo un extenso viaje misionero por los poblados a lo largo de la costa del Pacífico de América Central. En uno de los pueblos que visitó, Las Lisas, un grupo de personas entregaron sus corazones al Señor. Durante este viaje misionero, Juan Franklin puso a mi padre, Matías Morales, como pastor de esta nueva misión.[2] Claramente, la travesía de desarrollo del liderazgo de nuestra familia no solo ha sido bendecida, sino que tiene en cuenta a la generación emergente.

Me he tomado la libertad de narrar estas historias, no con la intención de presumir de nuestro linaje ministerial, sino más bien para plantear lo siguiente: **el desarrollo del liderazgo cristiano funciona**. Funciona en todos los lugares, culturas y generaciones, y en todas las denominaciones cristianas. Cuando se asumen e implementan las estrategias adecuadas, y cuando la generación de líderes adultos se involucra, entonces, a su debido tiempo el resultado final será una abundante cosecha de una nueva generación de líderes.

Este libro sobre el liderazgo hispano tiene como objetivo desarrollar un plan que va a recoger una cosecha saludable de liderazgo cristiano entre la Generación Hispana Emergente (G. H. E.) dentro de nuestras denominaciones hispanas. Aunque este libro está dirigido a la generación cristiana emergente, no se puede negar el hecho de que la capacitación tanto de líderes del clero como laicos es especialmente crucial para el éxito del cristianismo hispano y del cristianismo en Norteamérica en general.

La población hispana en Estados Unidos está creciendo por millones. En la actualidad, este es el grupo minoritario más grande y de más rápido crecimiento en la nación. De acuerdo con los datos del censo de EE. UU. de 2010, la población hispana ha aumentado en 35.300.000 millones desde el año 2000. En 2010, 50.500.000 millones de los 308.700.000 millones de personas que residen en el país, o el 16%, eran de origen hispano. Los hispanos fueron responsables de más de la mitad del crecimiento de la población en el país durante esa década.[3] De acuerdo con las más recientes proyecciones de la Oficina del Censo de los Estados Unidos, todavía se espera que la población hispana crezca un 86% entre 2015 y 2050. Para el año 2060, se espera que la población hispana alcance los 119.000.000.[4] Otro dato que vale la pena mencionar es el que muestra que los hispanos son el grupo minoritario más grande; llegarán a ser el 24% de la población (18% ahora).[5] Casi una de cada cuatro personas será hispana.

Si estas proyecciones resultan ser precisas, frente a nosotros tenemos una bendición, así como una enorme tarea a lograr. Por un lado, cada denominación hispana tiene el enorme potencial de cosechar miles de líderes de la Generación Hispana Emergente que podrían conducir a nuestras iglesias hacia un despertar poderoso y espiritual entre los hispanos. Por otro lado, si la próxima generación de hispanos no es guiada, capacitada o discipulada, podemos experimentar una terrible pérdida de liderazgo entre las iglesias hispanas, lo que traerá consigo un revés en el liderazgo. Dejar este problema sin resolver no es la respuesta. Barrerlo debajo de la alfombra del liderazgo sería una negación de la tarea que tenemos ante nosotros. La necesidad predominante de desarrollo del liderazgo para la G. H. E. es inminente entre nuestras iglesias hispanas. Al estar ahora en la segunda década del siglo XXI, tenemos la necesidad imperiosa de que tanto pastores como líderes laicos se asocien y trabajen juntos en esta empresa. Entonces, ¿cuál debería ser la respuesta a este problema? ¿Cuál debería ser el papel de la actual generación de líderes hispanos con respecto al desarrollo del liderazgo dentro de la G. H. E.? ¿Cómo podemos asegurar una cosecha de líderes hispanos que servirá a la próxima generación? Por otra parte, a pesar de que actualmente contamos con líderes hispanos que han influido y producido nuevos líderes para esta generación a través de su servicio en sus respectivas áreas de ministerio, todavía existe una necesidad de desarrollar una estrategia que asegure más «liderazgo hispano» para la generación emergente.

Este libro describe los enfoques al desarrollo del liderazgo cristiano que pueden ser una ayuda para la tarea primordial que tenemos frente a nosotros; además, ofrece un método práctico que podría ayudar con la implementación de un programa de desarrollo del liderazgo hispano. Este programa incluirá: (a) formación espiritual, (b) discipulado, (c) alcance intergeneracional, (d) ministerio de mentoría, y (e) una propuesta para un centro hispano para el desarrollo del liderazgo hispano. Yo entiendo la complejidad de esta tarea, la cual en parte se debe a la actual escasez de líderes y ministros de la generación emergente dentro de nuestras iglesias. Hay millones de hispanos en nuestros estados que necesitan ser alcanzados con el evangelio de Jesucristo. Para llevar a cabo esta tarea, necesitamos la ayuda de la G. H. E. dentro de nuestras iglesias y denominaciones hispanas. Al comprender la gran tarea que tenemos ante nosotros, tengo la esperanza de que este libro inspire a más personas a iniciar la muy necesaria tarea de publicar más artículos y libros relacionados con este tema importante y vital.

Por último, la intención de este libro no es hacer caso omiso de la obra insuperable de nuestro liderazgo y mentores anteriores. No estoy tratando de reinventar la rueda del liderazgo, sino de aportar nuevos métodos e ideas que pueden abordar de manera adecuada los cambios generacionales que existen no solo dentro de nuestras congregaciones individuales, sino tal vez en cada denominación hispana. Thomas Jefferson, en lo que se refiere a los métodos y principios, no podría haberlo expresado mejor: «En cuestiones de estilo, nada con la corriente; en cuestiones de principio, mantente

Introducción

como una roca».[6] Con la ayuda de nuestro liderazgo cristiano hispano y con la guía del Espíritu Santo, tengo la esperanza de que este siglo dará su mayor cosecha de líderes de la G. H. E. entre nuestras queridas denominaciones hispanas.

Este libro consta de cuatro partes principales.

La Parte A, *El contexto hispano*, es una visión general del contexto hispano dentro de Estados Unidos. Se presta especial atención al análisis demográfico que muestra el enorme crecimiento hispano dentro del país, y los factores socioeconómicos que afectan a los hispanos. Se hará un énfasis especial en la dinámica, los conflictos y los desafíos entre la primera generación y la generación emergente de hispanos dentro de sus respectivos entornos.

La Parte B, *La Biblia y el liderazgo emergente*, explica el contexto bíblico de la necesidad de desarrollo del liderazgo cristiano para la G. H. E. En primer lugar, vamos a examinar el desarrollo del liderazgo bíblico que se encuentra en el Antiguo Testamento. En segundo lugar, vamos a explorar el desarrollo del liderazgo del Nuevo Testamento introducido por Jesucristo y más tarde seguido por Sus discípulos. A continuación, estudiaremos el papel del Espíritu Santo en la generación bíblica emergente. Por último, los principios bíblicos que se encuentran en la Escritura servirán de fundamento para un programa eficaz de desarrollo del liderazgo cristiano hispano.

La Parte C, *Estudio de caso: Las Asambleas de Dios*, es un estudio práctico de un distrito hispano dentro de las Asambleas de Dios. Este distrito hispano es parte de una denominación pentecostal que ha existido desde 1914. Se dará especial énfasis al desarrollo de líderes cristianos hispanos entre las generaciones hispanas emergentes desde principios de la década de 1920. A continuación, se analizará la composición étnica de este distrito hispano, su filosofía de ministerio, sus constituyentes y los desafíos que enfrenta el distrito de casi dieciséis años de edad, en una era posmoderna y de poscristiandad.

La Parte D, *Enfoques al liderazgo*, presenta un plan de acción que puede conducir al desarrollo del liderazgo cristiano entre la G. H. E. dentro de denominaciones hispanas. En esta sección se identifican cinco componentes prácticos que conducen a un crecimiento del liderazgo hispano: (a) formación espiritual, (b) discipulado, (c) alcance intergeneracional, (d) formación del ministerio de mentoría, y (e) creación de un «Centro hispano para el desarrollo del liderazgo cristiano».

El crecimiento acelerado de los hispanos en Estados Unidos, así como el rápido crecimiento de la iglesia dentro de las iglesias hispanas, ponen de manifiesto la necesidad de nuevos enfoques, métodos y ministerios. Esto implica que los ministros y líderes actuales, dentro de nuestras denominaciones hispanas, necesitan estar dispuestos a participar en el desarrollo intencional del liderazgo cristiano. Más importante aún, debemos tener en mente una tarea y un objetivo: reclutar más hispanos dentro de la G. H. E. como líderes potenciales para el siglo XXI en todo el territorio de las denominaciones hispanas. Aunque este libro hace referencia a los hispanos en Estados Unidos, es importante entender que, con la excepción de la barrera del idioma entre la generación emergente, todos los países latinoamericanos en todo el mundo enfrentarán los mismos retos y necesidades. Por lo tanto, este libro podría ser útil no solo en Norteamérica, sino también en todos los países que enfrentan los retos generacionales. Para aclarar, el término «desarrollo del liderazgo» en este libro se utiliza para referirnos al **desarrollo del liderazgo cristiano.**

PARTE A.
EL CONTEXTO HISPANO

Un sábado por la mañana, mientras me estaba preparando para ir a mi oficina en la iglesia para darle los últimos toques al mensaje del domingo por la mañana, me pregunté: «¿Qué tal si en primer lugar me ocupo de mi familia y, luego de mi mensaje del domingo por la mañana?». Así que rápidamente se me ocurrió la idea de preparar un auténtico desayuno latinoamericano. Recuerdo cómo mezclé todos los ingredientes, desde tomates cherri y frijoles negros, hasta crema agria latina y queso: me sentía como un auténtico chef latino. Después de servir el desayuno, nos reunimos alrededor de la mesa para dar gracias. La reacción de mis hijas fue repentina: «Papá —dijeron—, esta comida es deliciosa. ¿Por qué no nos habías preparado un desayuno latino antes?». En ese momento me di cuenta de dos cosas. La primera fue el hecho de que aprobé la prueba como cocinero, y la segunda, que este evento debía convertirse en una tradición familiar del sábado. Desde ese día, salvo cuando viajo o estoy de vacaciones, he estado preparando el mismo plato latino todos los sábados.

Más tarde ese mismo año, durante la celebración de Independencia (4 de julio), yo quise sorprender a mi familia con una parrillada latina. Cuando revelé el menú a mis hijas, ellas respondieron rápidamente: «Pero papá, es el Día de la independencia; ¡estamos en Estados Unidos! Debemos comer hamburguesas y *hot dogs*». Este incidente me hizo darme cuenta de que tengo una familia maravillosa que posee una mezcla de dos culturas: la hispana y la estadounidense. Krystal y Tiffany (mis dos hijas) nacieron en California. Mi esposa nació en Nueva York; su padre nació en Cuba y su madre en Puerto Rico. Yo nací en Guatemala (América Central) y llegué a Estados Unidos cuando tenía diecinueve años. Mis hijas son un ejemplo perfecto del variado trasfondo de su generación hispana, la Generación Hispana Emergente, que es el énfasis de este libro. Con el fin de obtener una mejor comprensión de la generación emergente, es esencial observar el rico y diverso trasfondo hispano que rodea a esta generación.

En primer lugar, para familiarizarnos más y conocer mejor el lenguaje que va a dominar este libro, me gustaría describir la G. H. E. como las generaciones posteriores (especialmente la tercera y cuarta generación) que están emergiendo de aquellos que emigraron a Estados Unidos. La mayor parte del grupo de la primera generación que entró al país desde países de América Latina se conoce como la «primera generación» de hispanos. En consecuencia, el término que se utiliza en relación con la población latina en Estados Unidos es «hispanos» en lugar de «latinos». Aunque somos conscientes del hecho de que ambos términos se pueden utilizar indistintamente para referirse a personas de origen latinoamericano en Estados Unidos, yo utilizaré el término **«hispanos»** a través de todo el libro.

En segundo lugar, a medida que usted lee este libro, me gustaría que considerara el proceso de elaboración de un conjunto de planos. Un conjunto de planos se compone de páginas que han sido cuidadosamente dibujadas por un arquitecto en cumplimiento con todos los códigos de la ciudad. El arquitecto hace sus dibujos de acuerdo con el diseño dado por la empresa, institución o individuo que lo ha contratado. Una de las tareas del arquitecto es asegurarse

El Contexto Hispano

de que sus dibujos reflejen la visión y los deseos del dueño del proyecto. Cuando los dibujos han sido terminados, se presenta el conjunto de planos al dueño del proyecto. Cada página de los planos sirve para guiar a los trabajadores hasta terminar el proyecto. Se debe tener muy en cuenta el hecho de que el conjunto de planos no es definitivo, ya que están sujetos a ajustes cuando sea necesario.

Me gustaría distinguir el presente trabajo como un conjunto de planos que ha sido tomado de las generaciones hispanas anteriores. No estoy tratando de volver a dibujar el conjunto actual de planos, ya que estos han demostrado ser una herramienta eficaz para el desarrollo del liderazgo en las generaciones anteriores; más bien, lo que propongo es un conjunto de ajustes o revisiones necesarias del antiguo conjunto con el fin de dar cabida a las necesidades de la G. H. E. para el desarrollo del liderazgo dentro de las denominaciones hispanas en Estados Unidos, y en todos los países latinoamericanos.

Antes de sumergirnos en la esencia del desarrollo del liderazgo que se aplica a la G. H. E., es beneficioso entender su contexto histórico, características socioeconómicas y los retos particulares que esta generación enfrenta en el ámbito de la iglesia. Comenzaremos por examinar el contexto histórico.

Capítulo 1

TRASFONDO

Las preguntas preliminares sobre el origen de la generación emergente son: ¿Quiénes son los hispanos? ¿De dónde vienen? ¿Cómo llegaron a Estados Unidos? ¿Cuál es la historia detrás de su fenomenal crecimiento en Norteamérica? ¿Cuáles son sus retos socioeconómicos? Y finalmente; ¿cuáles son los desafíos que enfrentan las iglesias hispanas entre la primera generación y la generación emergente de hispanos?

En este capítulo se busca responder a estas preguntas mediante una visión panorámica del contexto hispano dentro de Estados Unidos. Este resumen incluye, entre otros: (a) demografía hispana, (b) factores socioeconómicos y (c) desafíos intergeneracionales entre la primera generación y la generación emergente.

CONTEXTO HISTÓRICO

¿De dónde proceden los hispanos? Hispano, como se ha dicho anteriormente, es un término que identifica a un grupo de personas de origen latinoamericano o español que viven en Estados Unidos. La población hispana se originó a partir de colonias que pertenecieron a España; sin embargo, después de la Independencia de México, durante el siglo XVII, estos territorios se convirtieron en parte de México. Es importante señalar que una gran parte de los estados del suroeste como Texas, Nuevo México, Arizona y California no eran parte de Estados Unidos de América durante el siglo XVII, sino que eran parte de México.

La población hispana ha vivido en la región suroeste de Estados Unidos desde principios de los años 1600. Daniel Sánchez, en su libro *Realidades hispanas*, dice lo siguiente con respecto al primer grupo de hispanoamericanos y su desarrollo:

> Los hispanos han estado en el suroeste desde principios de los años 1600. En 1528, comenzaron las exploraciones de lo que hoy es el suroeste de Estados Unidos (Nuevo México, Texas y California). En 1598, Juan de Oñate (que se casó con la sobrina de Hernán Cortés) estableció la primera colonia en lo que hoy es Nuevo México. Posteriormente se establecieron villas (ciudades provinciales) en Santa Fe, Santa Cruz (valle Española), y San Felipe de Neri, que ahora es Albuquerque. En California, la famosa misión a lo largo de la costa de California (la misión de San Diego), fue fundada en 1769, y Monterrey en 1770. Para 1821, se habían desarrollado cuatro áreas principales de asentamiento. La primera y más densamente poblada fue Nuevo México, que consistía en pueblos, ranchos y granjas. En tamaño le seguía California, que consistía en misiones, comunidades de fortalezas militares, pueblos y ranchos. La tercera era el asentamiento noreste de Texas, con su centro de San Antonio. La más pequeña era la colonia de Arizona que

fue establecida en Tucson. Los descendientes de los hispanoamericanos coloniales todavía viven en California, Colorado, Arizona, Nuevo México y Texas.[1]

Esta rápida panorámica histórica nos ayuda a comprender que los hispanos han sido una población establecida en las proximidades del suroeste de Estados Unidos durante los últimos cuatrocientos años. No todos los hispanos en los Estados Unidos han venido de otros países. De hecho, un grupo de personas que ya estaban establecidas en la parte sur del país se convirtieron en ciudadanos norteamericanos justo después de que Estados Unidos obtuviera California y Nuevo México de la República de México el 2 de febrero de 1848. El precio pagado por estos estados fue de quince millones de dólares. Este tratado fue llamado «El Tratado de Guadalupe Hidalgo».

Durante ese tiempo:

> «Había alrededor de 80.000 mexicanos que vivían en las áreas de California, Nuevo México, Arizona y Texas durante el periodo de 1845-1850, y muchos menos vivían en Nevada, en el sur y el oeste de Colorado y en Utah».[2]

Durante el siglo pasado, Estados Unidos experimentó el comienzo de lo que finalmente se convertiría en una afluencia masiva de inmigrantes. Las estadísticas muestran que, durante la última década, cuatro de cada diez inmigrantes que hicieron de Estados Unidos su hogar, eran hispanos. Sánchez refuerza este punto con las siguientes estadísticas:

> Actualmente, cuatro de cada diez inmigrantes que llegan a Estados Unidos cada año son hispanos. La

proyección indica que, si esta tendencia continúa, en diez años la mitad de todos los inmigrantes en América del Norte será hispana... la tasa de inmigración de los hispanos en comparación con otros grupos culturales es fenomenal, en el año 2000 la tasa de inmigración de personas de la raza negra fue del 10%, de indígenas americanos, esquimales y aleutianos fue de menos del 1%, de isleños asiáticos y del Pacífico 28%, de blancos no hispanos 21%, y la tasa de inmigración hispana fue del 42%.[3]

Este grupo de inmigrantes con el tiempo serían llamados hispanos. La política, las guerras civiles, las guerrillas, el hambre, los desastres naturales y los factores socioeconómicos han contribuido a la migración de millones de personas a Estados Unidos. Su lugar de origen se puede remontar a los países de América Latina dentro de América del Sur, América Central, América del Norte (México), las islas del Caribe y de países europeos como España.

CUADRO DEMOGRÁFICO NACIONAL DE LOS HISPANOS

Población

Como se indicó anteriormente en la introducción, la población hispana en Estados Unidos está creciendo por millones. Según la Oficina del Censo de los Estados Unidos de 2010, la población hispana creció de 35.300.000 en el año 2000 a 50.500.000 en el 2010. Como se muestra a continuación en la Figura 1, la población hispana ha aumentado en más de 15.000.000 de personas (43%) durante los últimos 10 años.[4] En 2014 la población hispana creció a 55.400.000, y para el año 2060 se espera que alcance 119.000.000.[5]

El Censo 2010 de EE. UU. coloca a la población hispana como la minoría más grande y de mayor crecimiento de la nación. Es notable observar que, de los 308.700.000 personas que residían en Estados Unidos en 2010, la población hispana fue el grupo minoritario responsable de más de la mitad (50.500.000, o 16%) del incremento de la población del país,[6] y en 2014, la población hispana creció a 55.400.000. Como se verá debajo en la Figura 2, la población hispana era el mayor grupo minoritario que vivía en Estados Unidos en 2014, el cual abarcaba el 18% de la población total, seguido por los afroamericanos en segundo lugar con un 12%, y los asiáticos en el tercer lugar con 6%.[7]

Fig. 1–Población hispana en Estados Unidos.

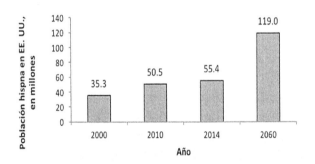

El futuro de los hispanos en EE. UU. parece prometedor. Si la tendencia demográfica actual sigue su curso, se proyecta que para el año 2060, la población hispana en Norteamérica alcance los 119.000.000 de personas. Si esta proyección demuestra ser correcta, la comunidad hispana no solo seguirá siendo el mayor grupo minoritario, sino que más notablemente, se espera que abarque más del 24% de la población de Estados Unidos.[8]

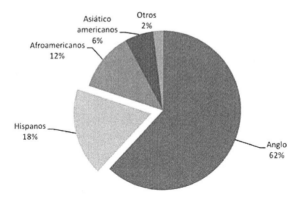

Fig. 2–Porcentajes de población de las minorías.

Independientemente de los retos o el estatus legal que enfrentan los hispanos, su futuro parece prometedor.

Población hispana por regiones

En cuanto a la población hispana en la parte occidental de Estados Unidos, la Oficina del Censo de los Estados Unidos informa que «más de tres cuartas partes de la población hispana ha vivido en el oeste o el sur» y que «en el año 2010, el 41% de los hispanos vivían en el oeste... los hispanos representaban el 29% de la población en el oeste».[9] La Figura 3 muestra la distribución de la población hispana por regiones, y se puede observar que el oeste contiene la mayor concentración de hispanos en Estados Unidos.

En cuanto a los condados con una población superior, «los cálculos de población anual de la Oficina del Censo detallan la demografía de la nación en una variedad de categorías, que incluyen la raza y el origen étnico, la geografía y la edad. Por ejemplo, el condado con la mayor población hispana, por mayoría, es el Condado de Los Ángeles en California (4.900.000), seguido por el Condado de Harris en Texas (1.900.000) y el Condado de Miami-Dade en Florida (1.800.000)».[10]

Estas estadísticas nos dan una idea clara de la población hispana en Estados Unidos, incluyendo el oeste, pero más aún, nos muestran las vastas poblaciones que deben ser alcanzadas por nuestras iglesias y denominaciones hispanas.

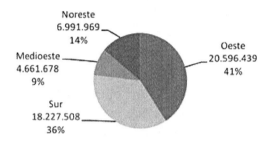

Fig. 3–La población hispana según la región.

Población hispana, por tipo y lugar de origen

La población hispana que vive en Estados Unidos está muy bien representada por los diferentes tipos y lugares de origen. De las 50.477.594 personas registradas en el censo de 2010, México ha contribuido a la mayoría de los hispanos en EE. UU. con el 63%, seguido por Puerto Rico con un 9,2%, América Central con un 7,9%, América del Sur con un 5,5% y Cuba con un 3,5%.[11]

Población hispana por sexo y edad

La generación actual de la población hispana que vive en Estados Unidos es en general muy joven. El Censo 2010 de EE. UU. informa que el 34,9 % de la población hispana es de menos de dieciocho años de edad, en comparación con el 65,1 % que es mayor de dieciocho años. Solo el 5,8 % es mayor de sesenta y cinco años, y el 94,2 % tiene menos de sesenta y cinco años. En cuanto al género, más de 25.000.000 son hombres y cerca de 24.000.000 son mujeres.[12] La edad media de la población blanca es de 42,1 en comparación con la edad media de los hispanos que es 27,2.[13] La edad media de los hispanos, de acuerdo a la nueva Oficina del Censo, es de 29 años, frente a 27 en 2010. En 2014 había más hispanos nacidos en el país que inmigrantes. «La mayoría de los hispanos en Estados Unidos son nacidos en el país. De los 55.000.000 de personas en 2014 que se identificaban como de origen hispano o latino, el 35% (19.400.000) eran inmigrantes».[14]

Vale la pena señalar que casi la mitad de todos los niños en Estados Unidos pertenecen a las minorías. En el censo de 2010, el 23,1% de todos los niños que viven en el país eran hispanos, en comparación con el 14% que eran afroamericanos, un 4,3% para los asiáticos, y el 3,8% pertenecía a la categoría de dos o más razas.[15] Esta estadística notable sirve como un recordatorio de que la proporción de la generación emergente de hispanos está aumentando.

CARACTERÍSTICAS SOCIOECONÓMICAS

Tasa de fertilidad

Una de las razones para el gran aumento de la población hispana en Estados Unidos es el hecho de que los hispanos tradicionalmente tenían la tasa de fertilidad más alta de la nación (tasa de fertilidad son los nacimientos por cada 1000 mujeres de 15–44 años de edad). La tasa de fertilidad hispana se elevó a 108 en 1990, mientras que la tasa de fertilidad no hispana ese año fue de 67. En 2013, la tasa no hispana se redujo a 60. La tasa hispana también se ha reducido, a 73 en 2013, pero sigue siendo significativamente más alta que la tasa de los no hispanos.[16] Esta información es útil, y sirve como un punto de referencia para aquellos que pueden pensar que la única razón por la que la población hispana está creciendo se debe a la tasa de inmigración. En 2013, la tasa de fertilidad de adolescentes para los hispanos entre las edades de 15–19 fue de 71, próxima a la de los afroamericanos en ese año (67), pero mucho más alta que la de los blancos (41).[17] La tasa de natalidad entre las mujeres hispanas solteras en 2013 fue de 53, inferior a la de las mujeres afroamericanas (71), pero más alta que la media nacional de 41.[18] La alta tasa de natalidad entre las adolescentes y las mujeres solteras nos da una idea de los desafíos que enfrentan los hispanos en Estados Unidos.

Miembros del hogar e ingresos

Uno de los problemas principales que afecta cada nivel social de los hispanos en Estados Unidos es su alta concentración de pobreza. El nivel de pobreza hispana en el país, si bien es menor que en el pasado, sigue siendo motivo de preocupación.

Alrededor del 32% de los hispanos menores de 18 años viven por debajo del nivel de pobreza, a diferencia de los blancos de la misma edad, cuyo nivel de pobreza es solo del 13%. Para el grupo de entre 18 a 64 años, el 19% de los hispanos vive por debajo del umbral de la pobreza, en contraste con el 10% de los blancos. Por último, los que están dentro de la categoría de 64 años y más alcanzaron un 19% por debajo del nivel de pobreza en comparación con un 7% para los blancos.[19]

Si bien los hogares hispanos en EE. UU. han reducido en número, todavía son relativamente altos (26% de los hogares hispanos tienen más de cinco miembros en comparación con el 10% de los hogares de blancos), y junto con su nivel de ingresos más bajo (nivel medio de ingresos de $42.000, comparados a $59.200 de los blancos), esto contribuye a su relativamente alto nivel de pobreza.[20]

Educación

Entre los hispanos de 25 años o más, el 34% no ha terminado u obtenido el bachillerato, en comparación con el 8% de los blancos no hispanos; el 27% ha terminado el bachillerato, comparado con el 28% de los blancos; el 24% ha obtenido algún título universitario o licenciatura, en comparación con el 30% de los blancos. Con respecto a una licenciatura, un 14% de los hispanos, en comparación con el 34% de los blancos, ha terminado su licenciatura.[21]

Las estadísticas de abandono escolar son mejores que en el pasado, pero todavía no están a favor de los hispanos nacidos en el extranjero. La alta tasa de abandono escolar durante el preuniversitario, entre los hispanos con edades de 16-19 fue del 6% en 2014, en comparación con alrededor del 5% para los afroamericanos, y 3% para los blancos. Es de destacar que la tasa para los hispanos nacidos en el extranjero es de un 11%.[22] Uno puede preguntarse: «¿Cuáles son las razones por las que los hispanos nacidos en el extranjero tienen una tasa de abandono escolar tan alta?». Sería difícil señalar una sola razón cuando hay muchos factores a considerar. La primera cuestión que viene a la mente es el idioma.

La mayoría de las familias hispanas de la primera generación solo hablan su lengua materna, lo que hace que para ellos sea difícil ayudar a sus hijos con la escuela. A menudo, debido a la barrera del idioma, están mal informados sobre la forma de guiar a sus hijos a través del proceso educativo que conduce a la educación superior. Además de esta situación, los estudiantes hispanos en su mayor parte tienen que someterse a un sistema de aprendizaje bilingüe, que comienza con un programa llamado «inglés como segunda lengua» (ESL, por sus siglas en inglés). Aquellos estudiantes que se sienten frustrados o no logran aprender adecuadamente el idioma inglés son más propensos a convertirse en parte de las estadísticas del abandono escolar.

Otro problema que explica las altas tasas de abandono escolar entre los hispanos nacidos en el extranjero es el alto nivel de pobreza. Un gran porcentaje vive en condiciones que no les permite disponer de los recursos adecuados para una educación de calidad. Desde una nutrición inapropiada hasta condiciones inadecuadas en el aula, ellos se encuentran en un ambiente educativo que disminuye sus posibilidades de llegar a la educación superior.

Tristemente, la situación no es más fácil para muchos estudiantes hispanos que están esforzándose activamente para llegar a la educación superior. Debido al alto costo de asistir a la universidad, ellos a menudo se ven obligados a depender de becas, subvenciones del gobierno o préstamos con el fin de completar sus estudios. Mark Hugo López escribió un artículo, publicado por la Fundación Pew en 2009, que se titula Los latinos y la educación: Explicación de la diferencia en los logros, en el que nos lleva a la realidad de por qué algunos hispanos no terminan su educación universitaria:

> Casi nueve de cada diez (89%) latinos adultos jóvenes dicen que la educación universitaria es importante para el éxito en la vida, sin embargo, solo alrededor de la mitad de esa cifra (48%) dice que ellos mismos planean obtener un título universitario, según una nueva encuesta nacional con latinos realizada por el Centro Hispano Pew, un proyecto del Centro de Investigación Pew. La razón principal que el estudio revela para la diferencia entre el alto valor que los latinos dan a la educación y sus aspiraciones más modestas de terminar la universidad parece provenir de la presión financiera de mantener una familia.[23]

El artículo de López describe la difícil situación de muchos hispanos, pero gracias a Dios, los tiempos están cambiando y los graduados hispanos de bachillerato ahora están casi a la par con los blancos en lo que respecta a asistir a algún tipo de universidad. Sin embargo, son mucho menos propensos a asistir a universidades con cursos de cuatro años y universidades selectivas.[24]

Otra razón importante de la alta tasa de abandono escolar hispano es la combinación de sexo, drogas, pandillas y estatus migratorio legal. Como se mencionó anteriormente, la tasa de embarazo entre los hispanos es alta. Cuando las adolescentes más jóvenes quedan embarazadas a una edad temprana, esto les dificulta continuar con su educación. Estos problemas crean un efecto dominó; en consecuencia, más niños hispanos terminan finalmente involucrándose en las drogas, y en especial en las pandillas (aproximadamente el 44% de los miembros de pandillas en Estados Unidos son hispanos, un porcentaje más bajo que en el pasado, pero todavía superior al de otros grupos étnicos).[25] Desafortunadamente, esto lleva a que los jóvenes obtengan empleos de baja remuneración, por lo tanto, el ciclo de la pobreza se repite una y otra vez.

Idioma

El idioma español predomina en los hogares hispanos. Sin embargo, la generación emergente es bilingüe o prefiere hablar inglés. El informe del censo 2009 de EE. UU. ilustra la discrepancia entre los hispanos de la primera generación y la generación emergente en cuanto a la preferencia de idioma. Dentro de la población hispana de EE. UU., entre las edades de cinco a diecisiete años, 8.400.000 de personas hablan español y 7.800.000 hablan inglés. Entre los mayores de dieciséis años de edad hasta los sesenta y cuatro, 25.900.000 de personas hablan español y 17.800.000 hablan inglés. Entre las personas de 64 años y mayores, 2.600.000 de personas hablan español y 1.400.000 de personas hablan inglés. En cuanto a hablar inglés en casa entre los hispanos, en las edades de cinco a diecisiete años, 7.847.708 personas hablan inglés con fluidez.[26]

Como se puede ver en estas estadísticas, los hispanos mayores de 64 años, aquellos que en su mayor parte pertenecen a la primera generación, son los menos propensos a hablar inglés.

RESUMEN

Las estadísticas demográficas muestran claramente que los hispanos se están abriendo camino en Estados Unidos. Los 55.400.000 de personas que han hecho de este país su hogar nos sirven como recordatorio de que la tarea que nos espera es de proporciones gigantescas. Este informe nos ayuda a comprender que los descendientes de la primera generación de hispanos, llamados «la generación emergente», está creciendo rápidamente. Por lo tanto, el liderazgo hispano debe hacer los ajustes necesarios con el fin de tener en cuenta y servir mejor a esta nueva generación.

PREGUNTAS DE ESTUDIO

1. ¿Cuál es el significado del término «hispanos»?
2. ¿Cuál fue el número de crecimiento de la población hispana en el año 2014, y cuál es el número al que llegará en el año 2060?
3. De acuerdo con el Censo 2010 de EE. UU., ¿cual es el porcentaje de la población hispana menor de dieciocho años de edad?
4. ¿Cuál es el porcentaje de hispanos menores de 18 años de edad que viven por debajo del nivel de pobreza?

5. En cuanto a hablar inglés en casa entre los hispanos, en las edades de cinco a diecisiete años, ¿cuántas personas hablan inglés con fluidez?

PREGUNTA DE DIÁLOGO PARA GRUPOS

¿Cuáles son algunas de las razones por las que la generación emergente ha experimentado un rápido crecimiento en Estados Unidos?

PROYECTO

Asignar un grupo para desarrollar un estudio demográfico de los hispanos en su comunidad o estado.

Capítulo 2

RETOS

Todavía lo recuerdo como si fuera ayer: fue uno de los retos más difíciles que he enfrentado mientras pastoreaba una iglesia en California. Nuestra iglesia se componía a la vez de personas que hablaban inglés y otras que hablaban español. La congregación hispana era más joven que la de los angloparlantes. Con el paso de los años, la congregación que hablaba inglés se hizo más pequeña que la que hablaba español. Después de hacer un estudio cuidadoso de nuestra congregación, algunos de los miembros de la Junta apoyaron la idea de unir los dos grupos en uno, con un único servicio en español.

Esta decisión era tal vez el camino más fácil; sin embargo, mi primera preocupación era que al menos la mitad de la congregación consistía en niños y jóvenes pertenecientes a la segunda y tercera generación de hispanos. Mi corazón latía con fuerza, porque incluidas en ese grupo de la generación más joven estaban mis dos hijas. En ese momento en particular me di cuenta de que un único servicio en español tenía el potencial de desanimar no solo a los jóvenes sino también a los padres con niños pequeños. Mi propuesta fue sencilla y al grano; yo expresé: «No podemos darnos el lujo de dar servicios solamente en español, pues corremos el peligro de perder a la generación más joven cuya lengua materna es el inglés. Por otra parte, nunca voy a apoyar un servicio de adoración que pueda poner a mis propios hijos y a los suyos en un dilema, en el que escojan abandonar la iglesia y pasar a la de al lado, que ofrece servicios de adoración en inglés».

Llegamos a un arreglo: votamos por tener un servicio bilingüe. Algunos miembros se molestaron y abandonaron la iglesia; sin embargo, hasta el día de hoy, no me arrepiento de la decisión. Los niños crecieron, y en la actualidad pertenecen al grupo de jóvenes. De la misma manera, aquellos que una vez pertenecieron al ministerio juvenil se convirtieron en líderes de la iglesia. Algunos de ellos son ahora parte de la nueva generación de la Junta Corporativa de la iglesia. La primera generación de líderes hispanos tiene que entender los retos, así como las diferencias entre su generación y la generación emergente.

La rápida panorámica de los datos demográficos del capítulo anterior nos da una base para comprender mejor los desafíos que quedan por delante para la generación emergente. En general, la comunidad hispana cristiana ha sido bendecida con congregaciones que son conscientes de la necesidad crucial y fundamental del desarrollo del liderazgo para la G. H. E. Algunas iglesias ya han comenzado el proceso de evaluación de sus congregaciones en relación con el contexto multigeneracional. Sin embargo, hay muchas iglesias que aún tienen que entender la composición hispana de sus respectivas iglesias.

Para comprender mejor a esta nueva generación, y con el fin de alcanzar la máxima eficacia en la tarea de desarrollo del liderazgo, hay que entender las diferencias entre la primera generación y la Generación Emergente de Hispanos. A continuación, me gustaría ofrecer algo de claridad en lo que respecta a los problemas de desarrollo del liderazgo que las iglesias hispanas enfrentan en Estados Unidos.

He optado por utilizar la iglesia como ejemplo, ya que la mayor parte de la capacitación para desarrollar el liderazgo comienza allí. Estos retos se pueden remontar a la gran inmigración de latinos a Estados Unidos, el complejo contexto hispano, y el nacimiento de la generación emergente de hispanos que está adorando a Dios dentro de nuestras iglesias hispanas. Sería de gran ayuda entender que este libro se centra en el desarrollo del liderazgo para la G. H. E., tomando en cuenta que la mayoría de nuestras iglesias tienen un grupo multigeneracional hispano en sus congregaciones, y la Generación Emergente es parte de dicho grupo.

GENERACIONES MÚLTIPLES

En primer lugar, me gustaría hacer una distinción entre las generaciones de hispanos y las anglosajonas. La primera generación de hispanos se compone de los primeros latinos que emigraron a Estados Unidos. La generación 1.5 son los latinos no nacidos en Estados Unidos, pero que fueron traídos al país a una edad temprana o joven. La segunda generación son los hispanos nacidos en Estados Unidos, y la tercera generación es la generación emergente. La subdivisión de las generaciones hispanas es diferente con respecto a los anglosajones, como también lo es el espectro de ministerio entre cada una de ellas. Por ejemplo, Sam Farina, un evangelista y *coach* certificado, escribió un artículo titulado «Capacitando a los líderes de la próxima generación». En este artículo, él hace la siguiente observación con respecto a la próxima generación de líderes y su tarea entre las cuatro generaciones anglo:

> Los líderes de la siguiente generación a menudo trabajarán con cuatro generaciones, ya sean compañeros del ministerio o las personas que están alcanzando con el evangelio: La Generación

Silenciosa (tradicionalista), nacidos antes de 1946; *Baby Boomers*, nacidos entre 1946 y 1964; La Generación X, nacidos entre 1965 y 1980; y La Generación del Milenio (a veces llamada la Generación Y o la Generación Próxima), nacidos después de 1981. Estas cuatro generaciones no siempre se comunican bien entre ellas».[1]

Aunque algunas de las generaciones hispanas podrían ser parte de la Generación X y la Generación del Milenio, la membresía de las iglesias hispanas consta de al menos dos generaciones hispanas que se reúnen en el mismo edificio, pero con características diferentes. La primera generación de hispanos, como se ha dicho anteriormente, incluye a aquellos que emigraron de los países de América Latina a Estados Unidos. Sus hijos son llamados la Generación Emergente, en especial la tercera generación. La segunda generación se denomina 1.5. Esta generación pertenece al grupo de hispanos que no nacieron en Estados Unidos, sin embargo, emigraron a este país a una edad temprana. En su mayor parte, han adoptado el estilo de vida americano sin olvidar sus raíces latinas.

Cada generación tiene sus propias inclinaciones, gustos y retos que les distinguen. La capacidad de trabajar con todos ellos dentro de un edificio, y al mismo tiempo procurar que se unan a un programa de desarrollo del liderazgo, requiere una comprensión clara de su contexto idiosincrásico, así como un estudio cuidadoso de sus retos.

ADORACIÓN

El desarrollo efectivo del liderazgo requiere una comprensión clara de la esencia de la adoración. Uno puede pensar que estas cuestiones, junto con las que mencionaremos más adelante, no tienen relevancia en relación con el desarrollo del liderazgo. Sin embargo, mi experiencia al visitar iglesias hispanas como evangelista itinerante, así como en calidad de pastor y presbítero ejecutivo en mi denominación, me lleva a recalcar la importancia de la adoración multigeneracional eficaz como parte del desarrollo del liderazgo.

El estilo de adoración de la primera generación es totalmente diferente al de la generación emergente. Obligar a la generación emergente a adoptar el mismo estilo de adoración que la primera generación puede crear frustración, y como resultado, esto puede motivarles a dejar nuestras iglesias hispanas. Para ejemplificar este punto, permítanme ilustrar algunos escenarios comunes: tenga en cuenta que la antigua (primera) generación de hispanos prefiere una forma tradicional de adoración, mientras que la generación emergente desea una más contemporánea. En segundo lugar, la primera generación se siente atraída por la música sacra, mientras que la generación emergente es atraída por la música moderna, el rock, el hip pop y la música de la nueva era.

ESCENARIOS

A veces, la primera generación se ve obligada a escuchar la música de la generación emergente. A menudo esto es difícil debido a que muchos miembros de la generación más antigua encuentran que la música de la nueva generación es estresante e incluso irreverente. Por otro lado, a la generación emergente se le pide que abrace y participe en el estilo de música tradicional o sagrado. La primera generación no tiene problemas con los servicios de adoración extendidos, pero esto es frustrante para la generación emergente que, en su mayor parte, prefiere servicios más cortos.

La tecnología utilizada en el servicio de adoración también puede ser un problema. La primera generación considera la copia física de la Biblia como algo sagrado; por lo tanto, la llevan a la iglesia todo el tiempo junto con sus himnarios. Por el contrario, la generación emergente a menudo depende, y está satisfecha con las aplicaciones de sus Biblias. Por otra parte, en lugar de llevar sus himnarios, ellos esperan que las letras se muestren en la pantalla a través de un proyector. La primera generación no necesita un sistema de sonido sofisticado o la última tecnología para adorar, en comparación con la generación emergente, que está acostumbrada a equipos de alta tecnología en las escuelas o universidades.

Por último, la primera generación espera sermones más largos que culminarán con un llamado al altar, en comparación con la generación emergente que espera un mensaje más condensado y bien ilustrado, que puede o no culminar con un llamado al altar.

Aunque puede parecer que estos diferentes enfoques a la adoración no juegan un papel importante en pos del desarrollo del liderazgo entre la G. H. E, hay que prestar atención a esta situación particular. Existe una posibilidad de que tan pronto como se van a la universidad, ellos no vuelvan a una iglesia hispana de primera generación. Si hacemos los ajustes necesarios para dar cabida a su idiosincrasia, podemos allanar el camino para una mayor constelación de candidatos de la G. H. E para el desarrollo del liderazgo.

ESTILOS DE DESARROLLO DEL LIDERAZGO

La mayor parte de la primera generación de hispanos proviene de un trasfondo católico romano, mientras que otros tienen un trasfondo evangélico.[2] Independientemente de su formación teológica o religiosa, la generación emergente a veces se ve obligada a abrazar la iglesia y la teología de sus antepasados. La generación emergente se encuentra en un conflicto entre la cultura norteamericana y lo que se espera de ellos como participantes en la iglesia hispana. Algunos miembros de la generación emergente tienen dificultades para adaptarse a las filosofías, la teología o las ideas de sus padres. Manuel Ortiz, en su libro *The Hispanic Challenge* [El reto hispano], arroja más luz a este dilema cuando dice: «Ellos no están integrando la fe de sus padres. No tienen su propia religión ni su propia expresión de la fe... parecen ser más ambiciosos que sus padres y están en sintonía con las vibraciones de la ciudad».[3]

A pesar de que esto puede ser el caso de una buena parte de la generación emergente, creo que el péndulo está cambiando; hay un nuevo deseo entre esta generación de buscar la religión de sus antepasados. Cuando los padres se involucran y cuando la iglesia también se involucra en la educación cristiana de esta generación, se puede esperar una buena cosecha de futuros líderes hispanos entre la generación emergente.

Los ministros procedentes de países de América Latina a menudo se encuentran en conflicto con la generación emergente en relación con el desarrollo del liderazgo. Este conflicto emana de los diferentes enfoques de liderazgo y capacitación entre estas dos generaciones. Por ejemplo, a veces el estilo de liderazgo entre la primera generación es más bien un estilo no relacional, en contraste con el estilo de liderazgo más relacional como cabe esperarse dentro de Estados Unidos. Por otra parte, la primera generación de ministros tiende a ser más legalista, pragmática y resistente al cambio, en contraste con la generación emergente que clama por una mayor comprensión, flexibilidad, comunión y comunicación.

La generación emergente es más proclive a adoptar un estilo de liderazgo más interactivo. A ellos les gustaría que los líderes de la primera generación crearan un equilibrio entre lo espiritual y lo relacional. Para decirlo de una manera diferente, ellos esperan que la primera generación no sea demasiado legalista, seria o pragmática, sino más bien, abierta, humilde y sociable.

LAS BARRERAS DEL IDIOMA

Este problema es por mucho uno de los más dañinos entre estas generaciones. Las barreras del idioma pueden dificultar la eficacia del desarrollo del liderazgo. En la sección anterior de este capítulo, expresé que el idioma principal de la generación emergente es el inglés. He visto a pastores y líderes, en repetidas ocasiones, forzar a la generación emergente a utilizar la lengua española. Los niños y jóvenes son obligados a ir a un servicio de adoración en español que con el tiempo se hará irrelevante para ellos. La idea de que la generación emergente puede entender un poco de español abre una caja de Pandora en cuanto a problemas.

Aquellos líderes que procuran lograr un desarrollo exitoso del liderazgo, deben entender que el lenguaje puede marcar una gran diferencia entre el logro o el fracaso en el desarrollo del liderazgo. La generación emergente responde de forma más positiva a la capacitación que se imparte en su lengua materna: el inglés. Es necesario entender que cuando se ven obligados a participar en una capacitación impartida solo en español, su nivel de comprensión es limitado, si no nulo. Sin lugar a dudas, la primera generación se siente más cómoda cuando la adoración, la capacitación o la mentoría se lleva a cabo en español; sin embargo, llegar al acuerdo de al menos hacerlo en un formato bilingüe, garantiza una mayor eficacia. Esta es una de las razones por las cuales las iglesias y líderes, conscientes de este desafío delante de ellos, han optado por la transición a un formato bilingüe. Otros se han movido a un formato en español para la primera generación, y uno en inglés para la generación emergente. Sea cual sea la preferencia, hay un detalle que permanece claro: el **formato solo en español** dificultaría en gran medida el desarrollo del liderazgo entre la generación emergente, especialmente en las iglesias con congregados hispanos multigeneracionales.

RETOS SOCIOECONÓMICOS

La inmigración hispana es real; como expresamos anteriormente, cuatro de cada diez inmigrantes que entran a Estados Unidos cada año son hispanos. Desafortunadamente, el porcentaje de los inmigrantes que pertenecen a la categoría de indocumentados no puede ser ignorado. Se ha dicho que hay doce millones de indocumentados en Estados Unidos. Aunque esta afirmación es difícil de demostrar, una cosa no tiene que ser demostrada, y es el hecho de que millones de latinos indocumentados han llegado para establecerse en el país, y continuarán haciéndolo. El Centro Hispano Pew señala las siguientes estadísticas sobre los inmigrantes indocumentados en Estados Unidos:

> «Los inmigrantes no autorizados constituían el 30% de la población nacida en el exterior de la nación, aproximadamente el 4% de toda la población estadounidense, y el 5,4% de los trabajadores estadounidenses. Aproximadamente el 44% de los inmigrantes no autorizados de la nación han llegado desde el año 2000. Cerca de tres cuartas partes (76%) de los 11.900.000 de población inmigrante no autorizada son de origen hispano».[4]

Un buen porcentaje de los hispanos en esta categoría han abrazado nuestras iglesias como su lugar de adoración. Este escenario fenomenal abre el camino a muchos problemas socioeconómicos que pueden afectar el desarrollo del liderazgo. Decir que nuestras iglesias hispanas no tienen hispanos indocumentados es francamente erróneo. Los líderes, los ministros e incluso los pastores hispanos, tienen que enfrentar las repercusiones de tener regularmente congregados que son indocumentados. La pobreza, las malas condiciones de salud, los bajos ingresos y una generación emergente con un alto porcentaje de abandono escolar afectan en gran medida a la iglesia y el desarrollo del liderazgo eficaz. Un caso lamentable es el trauma de la deportación, que a menudo experimentan los miembros de familias dentro de nuestras iglesias.

Las implicaciones de esta situación pueden paralizar la familia, sobre todo cuando el padre o la madre es deportada de vuelta a su país de origen, dejando a sus hijos atrás. ¿Cómo se puede capacitar con eficacia a un miembro joven de la generación emergente cuando su mente, corazón y alma están con sus padres, que ya no pueden proveer para sus necesidades diarias?

Esta situación sirve como una invitación a los líderes hispanos a participar en un diálogo que podría dar lugar a estrategias que pueden ayudar a la comunidad indocumentada, la cual, en su mayor parte, ama al Señor, a Estados Unidos, y realmente quieren participar en el desarrollo del liderazgo.

IDENTIDAD

Un último ejemplo de los muchos desafíos que se enfrenta dentro de nuestras iglesias hispanas es el de la identidad. La mayor parte de la primera generación de hispanos no tiene ningún problema para ubicar sus raíces en sus países de origen. Sin embargo, la generación emergente a menudo se siente intranquila en cuanto a su verdadera identidad cultural. Ellos son hispanos a causa de sus antepasados, así como su apellido; sin embargo, la realidad es que Estados Unidos es su hogar, su comunidad y la cultura norteamericana es una influencia enorme. Pueden o no comer tortillas, ¡pero sin duda comen hamburguesas y *hot dogs*! Sin embargo, el hecho que permanece es que: ellos a menudo sienten que no son ni «latinos completos» ni «americanos completos».

Esto me recuerda a una de las películas producidas por Walt Disney llamada *El libro de la selva*. En este filme, el protagonista es un niño salvaje llamado Mowgli, que es hallado dentro de una cesta en un bosque por una pantera llamada Bagheera, quien lo llevó inmediatamente a una loba madre con el fin de criarlo junto con sus cachorros, para ser entrenado y acostumbrado a la forma de vida de la selva. Más tarde, siendo un adulto joven, Mowgli sigue a una hermosa chica quien lo guía hasta dentro de la aldea. Después de encontrar a la chica, él comienza a comportarse de maneras contradictorias, tanto a la educación que recibió de su loba madre, como a su naturaleza humana. Cuando la joven le dice: «Tú eres un ser humano», él hace una pausa y luego responde: «No soy un hombre y no soy un animal».

De la misma manera, la generación emergente a menudo se caracteriza a sí misma como mitad latina y mitad norteamericana. Yo veo el producto de dos culturas, dos países, dos conjuntos de costumbres y dos grupos diferentes. Ayudarles a encontrar su identidad en el Señor, y apreciar su riqueza bicultural, aseguraría líderes saludables entre la generación emergente.

RESUMEN

El contexto hispano es heterogéneo, debido en parte a la riqueza de su gente. En la parte A, he descrito las características demográficas de los hispanos. Se ha hecho especial énfasis en el rápido crecimiento entre los hispanos durante la última década. Este crecimiento incluye a la G. H. E. Junto a estos resultados estadísticos, he señalado los factores socioeconómicos que afectan a los hispanos estadounidenses, en particular a los de la generación emergente. Por último, también he analizado los retos a los que se enfrentan las iglesias hispanas. Algunos de estos desafíos son: estilos de adoración, estilos de liderazgo, barreras lingüísticas y desafíos socioeconómicos. Las resultados y desafíos ya existentes que afectan a los hispanos sirven como herramientas vitales para aquellos que quieren lograr un desarrollo eficaz del liderazgo. En la siguiente sección, voy a dar un viaje a través de la Biblia en busca de ejemplos de desarrollo del liderazgo entre los grandes personajes bíblicos, que pueden servir como base para una capacitación eficaz entre la Generación Hispana Emergente.

PREGUNTAS DE ESTUDIO

1. ¿En qué país nace la segunda y tercera generación de hispanos?
2. ¿Cuál es la forma de adoración deseada por la generación emergente?
3. ¿Cuál es el estilo de liderazgo que es a veces adoptado por la primera generación?
4. ¿Cuál es el idioma principal de la generación emergente?
5. ¿Como se siente la generación emergente en cuanto a su verdadera identidad cultural?

PREGUNTA DE DIÁLOGO PARA GRUPOS

¿Cuáles son algunos de los desafíos del desarrollo de liderazgo que enfrentan las iglesias hispanas en Estados Unidos con respecto a la generación emergente?

PROYECTO

Hemos analizado al menos cuatro grandes retos a los que se enfrentan las iglesias hispanas en relación con la nueva generación. Identificar al menos dos de estos cuatro desafíos y proponer soluciones posibles.

PARTE B.
LA BIBLIA Y EL LIDERAZGO EMERGENTE

El Señor me ha dado el privilegio de ministrar en diferentes partes del mundo. Cada país tiene su propia belleza e historia únicas. Uno de los países que nunca me canso de visitar es Israel. Su cultura vasta y rica, y su conexión con nuestra herencia cristiana, me atraen en todo momento. Hay un lugar en particular en Israel que tiene un valor especial por la autenticidad del Antiguo Testamento, y ese lugar es llamado las Cuevas de Qumrán. Es donde un joven pastor descubrió los Rollos del Mar Muerto en 1946. Los manuscritos encontrados en estas cuevas se remontan a por lo menos el siglo III a.C. Algunos de los manuscritos contienen fragmentos de los libros del Antiguo Testamento. Los Rollos del Mar Muerto sirven como un testimonio del hecho de que la Biblia no solo es la Palabra de Dios, sino también un libro histórico escrito hace miles de años.

Hoy en día es importante encontrar manuscritos traducidos del Antiguo y Nuevo Testamento que puedan testificar de los orígenes del desarrollo del liderazgo bíblico. En el Antiguo y el Nuevo Testamento podemos encontrar lo que yo llamaría los **«Textos**

antiguos para el desarrollo del liderazgo emergente». Abramos estos manuscritos traducidos con el fin de comprender el trasfondo bíblico para el desarrollo del liderazgo emergente.

Capítulo 3

ANTIGUO TESTAMENTO

Nuestro Dios es un Dios que ama, abraza y práctica el desarrollo del liderazgo. Desde el principio de los tiempos, Dios ha querido establecer entre Su pueblo una nación que le honre, siga Sus mandamientos y lleve Su mensaje a través de las generaciones posteriores. Una de las estrategias utilizadas por Dios en este empeño es desarrollar el liderazgo. El tema del desarrollo del liderazgo a través de la Biblia no se limita a la primera generación de líderes, pues en su narrativa la Biblia incluye la capacitación del liderazgo para la generación emergente. En el Antiguo Testamento se puede observar el desarrollo del liderazgo en acción a través de las historias de Moisés y Josué, y de Elías y Eliseo. En este capítulo, quiero dirigir la atención al desarrollo del liderazgo entre la generación emergente dentro del Antiguo Testamento. Echemos ahora un vistazo general a los personajes bíblicos, con el objetivo de guiar a otros hacia los deseos y los propósitos de Dios para Su pueblo.

Vamos a empezar con una comprensión adecuada del término «liderazgo» desde su perspectiva bíblica en el Antiguo y el Nuevo Testamento, lo cual creo que es esencial, ya que cuanto más familiarizados estén los pastores y líderes laicos con su significado, más formas de capacitación podrán extraer de cada una de las narrativas bíblicas sobre liderazgo.

Según la Concordancia Exhaustiva de la Biblia, el término hebreo que se usa en el Antiguo Testamento para liderazgo es יָד *yad* y aparece aproximadamente 1614 veces. Tres de sus principales traducciones son: «mano, consagrar y poder». La palabra *yad* indica, entre otras cosas, posesión, poder y control. Estos significados están relacionados con una de las traducciones principales, que es «mano».[1] El Diccionario Teológico del Antiguo Testamento explica que el término «mano» se utiliza para una persona que realiza muchas funciones por su propia voluntad. «Desde un punto de vista teológico, el término mano se utiliza de una manera idiomática que expresa "responsabilidad, cuidado y dominio sobre alguien o algo. Uno puede estar bajo la custodia de esta autoridad"».[2]

La otra palabra hebrea que se usa en relación con el liderazgo es נָגַד (*nagád*), y significa «decir y dar a conocer». Sus derivados son: נֶגֶד (*négued*), que significa «antes» y נָגִיד (*naguíd*), que significa «gobernante, líder y capitán».[3] El Diccionario Teológico del Antiguo Testamento afirma que la raíz básica de la palabra *nagád* indica, «colocar una materia en lo alto, visible ante una persona».[4] El significado sinónimo (así como teológico) de este verbo indica el llamado de Dios a un individuo a quien le da la información de interés para que la comparta con Su pueblo. Esta información contiene el mensaje y los propósitos divinos de Dios para Su pueblo.[5] Por lo tanto, de acuerdo con la perspectiva del Antiguo Testamento, un líder es una persona que ha sido llamada, consagrada y empoderada por Dios para dirigir, guiar y dar a conocer. Por otra parte, es una persona que da a conocer el mensaje de Dios y es designada para Su pueblo. Al líder se le dio la responsabilidad no solo de orientar y guiar, sino también de cuidar al pueblo de Dios bajo su custodia o autoridad.

En relación con el término «desarrollo», el Diccionario de la lengua española define la palabra como «crecimiento o mejora de un aspecto físico, intelectual o moral».[6] Este crecimiento a menudo ocurre a un ritmo progresivo o gradual y su principal objetivo es la madurez. El desarrollo del liderazgo cristiano efectivo incluye el entendimiento de que un líder siempre debe esforzarse por utilizar las capacidades, los dones y las habilidades dadas por Dios. Él utiliza sus manos simbólicamente con el propósito de guiar a otros hacia el logro de los planes y los deseos de Dios.

Yo coincido con la definición que Robert Clinton ofrece de un líder cristiano. En su libro *Leadership Emergence Theory* [Teoría de surgimiento del liderazgo], él brinda la siguiente definición de surgimiento del liderazgo que incluye la capacidad, la responsabilidad y el liderazgo para lograr los planes de Dios para Su pueblo. Clinton afirma: «Un líder cristiano es una persona con una capacidad y una responsabilidad dadas por Dios que influye en un grupo específico del pueblo de Dios para alcanzar los propósitos de Dios».[7] El liderazgo bíblico se consideraba algo sagrado y no debía tomarse a la ligera. A los que eran llamados a la función del liderazgo a menudo se les asignaban aprendices más jóvenes con el objetivo de capacitarlos para que se convirtieran en la generación futura de líderes. Tal es el caso de algunos personajes bíblicos como Moisés y Josué, Elías y Eliseo, Jesús y Sus discípulos, y Pablo con Timoteo.

El desarrollo del liderazgo cristiano ha existido desde hace miles de años. El Antiguo y el Nuevo Testamento están llenos de relatos que pueden describir mejor el desarrollo del liderazgo desde una perspectiva bíblica. La comprensión adecuada de los relatos bíblicos puede servir como una herramienta valiosa para conducirnos hacia la implementación de un desarrollo eficaz del liderazgo entre la G. H. E. Se necesita entender que el desarrollo del liderazgo es un proceso, no un evento. Tales procesos se pueden encontrar a través de ejemplos vivos desarrollados por personajes bíblicos en la Palabra.

MOISÉS

Moisés es considerado como uno de los líderes más prominentes del Antiguo Testamento. Su primera tarea consistía en un mensaje de liberación. Uno de los versículos bíblicos más conocidos de todos los tiempos es la representación del oráculo de Moisés con respecto al plan de Dios para liberar a los hebreos de la opresión del Faraón, cuando expresó: «... Así dice el SEÑOR, Dios de Israel: "Deja ir a mi pueblo para que me celebre fiesta en el desierto"» (Éxodo 5:1). Otra tarea consistía en sacar al pueblo de Dios de la esclavitud y llevarlo a la tierra prometida (Éxodo 3:17), y recibir la ley de Dios y entregarla al pueblo de Israel (Éxodo 19, 20). Dios dio a Moisés la autoridad y el poder de usar la vara en sus manos no solo para guiar, sino también para hacer milagros (Éxodo 4:1-5, 14:21, 17:6). A Moisés le fue dado el honor y la tarea sagrada de construir el tabernáculo de Dios en el desierto (Éxodo 25:1-9). Por último, pero no menos importante, Moisés recibió una orden directa de Dios: capacitar a Josué como su sucesor y como el futuro líder que guiaría al pueblo de Dios hacia la tierra prometida (Deuteronomio 31:14, 23).

Desarrollo del liderazgo de Moisés

La Biblia identifica a Moisés como un líder. Su liderazgo fue y ha sido abrazado por las generaciones emergentes. En Números 33:1 se habla sobre el liderazgo de Moisés de esta forma: «Estas son las jornadas de los hijos de Israel, que salieron de la tierra de Egipto por sus ejércitos, bajo la dirección de Moisés y Aarón». La importantísima tarea y la posición de liderazgo dadas a Moisés no ocurrieron de la noche a la mañana. El desarrollo del liderazgo de este líder fue nada menos que un proceso de toda la vida, que comenzó en Egipto y concluyó en el monte Nebo, lo que representa al menos ochenta años de capacitación constante del liderazgo. Todos los años que Moisés experimentó, desde el momento en que tuvo su primer encuentro con Dios en el monte Horeb hasta el milagro de la zarza ardiente (Éxodo 3) y hasta el momento de su muerte (Deuteronomio 34), fueron años en los que recibió incontables lecciones y experiencias sobre el desarrollo del liderazgo.

Moisés fue un líder de primera generación cuya formación y desarrollo del liderazgo consistió en un grupo de mandamientos dados por Dios, además de experiencias personales durante su travesía por el desierto. Él tuvo grandiosas experiencias, tales como el incidente en la cima del Monte Sinaí, donde se encontró con Dios de una manera única y personal (Éxodo 19). También soportó momentos decepcionantes, como cuando algunos de su propio pueblo murieron debido a la terquedad de ellos (Números 21:4-8). El liderazgo de Moisés es el epítome de la palabra hebrea *yad* (mano, consagrar, poder, autoridad, liderazgo) que se utiliza para el liderazgo. En los relatos bíblicos puedo observar que, durante la travesía del liderazgo de Moisés, él usó sus manos para guiar al pueblo de Dios y hacer milagros. Su travesía también reveló que los líderes no son perfectos, pero aun así, son amados y usados por Dios.

Por otra parte, Moisés no fue ni una persona perfecta, ni un líder perfecto. Antes de su primer encuentro con Dios en el Monte Horeb, él era un criminal fugitivo (Éxodo 2:11-14). Él rompió las primeras tablas de la ley que fueron escritas y dadas por Dios (Éxodo 32:16-19). Desobedeció las instrucciones de Dios al golpear la roca dos veces (Números 20:9-12), y a pesar de sus reiteradas peticiones para entrar en la tierra prometida, Dios rechazó su ruego y le ordenó que no insistiera más (Deuteronomio 32:48-52). A pesar de que Moisés no era un hombre o líder perfecto, él fue un hombre lleno de amor por el pueblo de Dios. El deseo de Moisés era ver a Israel obedecer los mandamientos de Dios y ganar Su favor, mientras viajaban hacia la tierra prometida. Paul J. Kissling, en su obra *Reliable Characters in the Primary History* [Personajes fiables en la historia primaria], dice lo siguiente respecto al deseo de Moisés para el pueblo de Dios:

> Si bien gran parte del discurso de Moisés en Deuteronomio se dirige a la tarea de advertir a Israel contra la futura deslealtad a Jehová, este pasaje [Deuteronomio 33] deja claro que, al hacerlo, Moisés estaba genuinamente preocupado por el bienestar de la nación y en realidad quería que Israel prestara atención a sus advertencias y recibiera la consiguiente bendición de Yahvéh.[8]

Podemos coincidir con seguridad en que Moisés fue un hombre lleno de amor por Dios y por Su pueblo. Dios también amó a Moisés, y se comunicaba con él «cara a cara» y Moisés fue contado como uno de los profetas únicos y poderosos en la historia de Israel (Deuteronomio 34:10).

MOISÉS Y JOSUÉ: UN EJEMPLO DE DESARROLLO DEL LIDERAZGO DE LA GENERACIÓN EMERGENTE

La contribución de Moisés a su generación emergente se remonta al momento en que tomó a Josué bajo su tutela. En ninguna parte de las narrativas de la Biblia yo he visto a Moisés comportarse como un líder egoísta que impide que los demás aprendan. Cuando Dios ordenó a Moisés que desarrollara líderes que podrían ayudarle con su interminable tarea de juzgar al pueblo, él nunca se negó, sino que siguió Su mandato (Deuteronomio 1:9-15). Una vez más, el carácter desinteresado de Moisés se muestra cuando obedeció la instrucción de Dios de elegir a Josué como su sucesor (Deuteronomio 31:14, 23).

La capacitación de liderazgo de Moisés con Josué fue un éxito

Uno de los últimos versículos registrados en el libro de Deuteronomio da evidencia de este hecho. Cerca del final de la vida de Moisés en la Tierra, él puso las manos (*yad*) sobre Josué y lo envió como el nuevo líder emergente de Israel: «Y Josué, hijo de Nun, estaba lleno del espíritu de sabiduría, porque Moisés había puesto sus manos sobre él; y los hijos de Israel le escucharon e hicieron tal como el SEÑOR había mandado a Moisés» (Deuteronomio 34:9).

Las estrategias de desarrollo del liderazgo de Moisés se evidencian en toda su capacitación personal con Josué durante el viaje de Israel hacia la tierra prometida. Esta capacitación incluía teoría, así como las experiencias personales que con el tiempo formarían el carácter de Josué. Finalmente, Josué asumió la posición de Moisés como nuevo líder de Israel y, al hacerlo, el ciclo de desarrollo del liderazgo para la generación emergente había seguido su curso.

Moisés seleccionó a Josué como su ayudante

En el libro de Números he observado que el pueblo de Israel que podía servir en el ejército era de más de seiscientos mil hombres que iban en camino hacia la tierra prometida (Números 1:46). Tal vez de este gran número, Moisés seleccionó a un joven para que fuese su siervo, comenzando así la capacitación de Josué para el liderazgo, como miembro de la generación emergente. A la hora de involucrarse en el desarrollo del liderazgo, la selección es de vital importancia: «Y se levantó Moisés con Josué su ayudante, y subió Moisés al monte de Dios» (Éxodo 24:13). Josué era capaz de servir a Moisés, y finalmente fue recompensado al experimentar la presencia de Dios de una manera más íntima.

Moisés le mostró a Josué la importancia de buscar a Dios

En la vida de Moisés como líder, la práctica del ayuno, la oración y la búsqueda de la dirección de Dios se evidenciaron claramente. Su ayudante Josué aprendió a temprana edad sobre la importancia de la oración y de buscar la dirección de Dios: «Y acostumbraba hablar el SEÑOR con Moisés cara a cara, como habla un hombre con su amigo. Cuando Moisés regresaba al campamento, su joven ayudante Josué, hijo de Nun, no se apartaba de la tienda» (Éxodo 33:11). Cada vez que Moisés entraba en la tienda para consultar a Dios, el pueblo de Israel también entraba a sus propias tiendas para adorar. Sin embargo, cuando Moisés salía de la tienda, yo leo que Josué (su joven ayudante) no salía de la tienda. La comunión de Moisés con Dios influyó en Josué; él aprendió la importancia de buscar a Dios y adorarlo en todo momento.

Moisés se ganó la confianza de Josué. La vida de Moisés impactó a Josué de tal manera que nunca dejó de servir a su amo durante toda su juventud. La fidelidad de Moisés a Dios, a pesar de sus deficiencias, desilusiones o incluso grandes logros, le mostró a Josué cómo soportar las dificultades y cómo seguir siendo fiel a la tarea: «Entonces respondió Josué, hijo de Nun, ayudante de Moisés desde su juventud...» (Números 11:28). Josué vio en Moisés el modelo de resistencia, fidelidad, servidumbre y de predicar con el ejemplo. Él aprendió de Moisés cómo ser un verdadero siervo del Señor.

Moisés entregó autoridad y liderazgo

El amor de Moisés por Israel hizo que le rogara al Señor por un líder que tomara su lugar. Dios le dio instrucciones de que tomara a Josué y pusiera las manos (*yad*) en él para iniciar el proceso de entrega de su autoridad a Josué (Números 27:15-23). Lo que me parece notable sobre el pasaje es el hecho de que Moisés como líder de Israel entregara parte de su autoridad a Josué mientras él todavía estaba vivo.

Moisés no solo fue obediente al mandato de Dios, lo que es más, estuvo contento con Su decisión. Hoy en día, es triste ver a algunos líderes que prefieren esperar que su muerte se acerque antes de iniciar el proceso de entrega de autoridad a la generación más joven. El éxito de Moisés en el desarrollo del liderazgo es un testimonio del hecho de que el muchacho (Josué), que una vez fue su sirviente, ahora tomaría su lugar, y guiaría a Israel a la tierra prometida (Números 14). Con el tiempo, Dios le dio a Josué el liderazgo, la autoridad y el estímulo para avanzar y poseer la tierra prometida (Josué 1:9). Al final, a través del liderazgo de Josué, Israel conquistó y poseyó la tierra prometida.

Que la generación de líderes hispanos siga los pasos de Moisés mediante la capacitación y entrega de autoridad a la próxima generación de líderes.

ELÍAS

Si Moisés fue el líder escogido por Dios para llevar a Israel a la tierra prometida, Elías fue un profeta enviado por Él para recordar a Israel que la idolatría no era el camino correcto para hallar el favor de Dios. Como líder, Elías (el significado del nombre Elías en hebreo es «mi Dios es Yahvéh») fue empoderado por el Señor para mostrar a Acab, a Jezabel y a los profetas de Baal que había solo un Dios poderoso y verdadero en Israel, y que Su nombre fue y siempre será Yahvéh.

Un vistazo a la narrativa bíblica acerca de Elías nos ayudaría a concluir que, a pesar de que estaba lejos de ser perfecto, Dios lo usó de una manera poderosa. Su liderazgo sería recordado como uno de grandes hechos y milagros. Desde su primera llegada al palacio del rey Acab a su partida excepcional al cielo, él fue un instrumento usado por Dios para hacer señales y milagros. Matthew Henry, en su obra *Comentario de la Biblia*, hace la afirmación acertada de que a veces nuestro carácter coincidirá con nuestra tarea; tal fue el caso de Elías ante el rey Acab y Jezabel, su malvada esposa. Henry destaca que:

> Él era un hombre sujeto a pasiones semejantes a las nuestras (Santiago 5:17), lo cual tal vez no solo da a entender que él era objeto de las debilidades comunes de la naturaleza humana, sino que, por su carácter natural, él era un hombre de fuertes pasiones, más apasionado y dispuesto que la mayoría de los hombres, y por lo tanto más apto para hacer frente a los pecadores temerarios de la época en la que vivió: de forma tan maravillosa prepara Dios a los hombres para la obra que Él diseña para ellos. Los espíritus bruscos son llamados a servicios bruscos. La reforma necesitaba un hombre como Lutero para romper el hielo. Observe, 1. El nombre del profeta: Elías, «Mi Dios Jehová es Él» (es lo que significa), es Él quien me envía y me va a reconocer y confirmar, es a Él a quien yo llevaría; Es Él quien me envía, me posee, y me sostiene, es a Él a quien le traigo a Israel nuevamente y solo Él puede efectuar ese gran trabajo.[9]

Estoy de acuerdo con el comentario de Henry sobre cómo Dios trata con nuestro carácter al moldearnos para el ministerio. Una cosa sé acerca de Elías y es que, a pesar de su humanidad, él mostró fidelidad y obediencia a Dios hasta el fin. La tarea de Elías le permitió realizar milagros de grandes proporciones: oró por la multiplicación del aceite y la harina durante su visita a la viuda de Sarepta (1 Reyes 17:13-16); oró por la resurrección de un niño y Dios le contestó (1 Reyes 17:17-24); predijo una sequía en Israel (1 Reyes 17:1); se enfrentó a los profetas de Baal y los desafió a orar a su dios por fuego, pero cuando él oró por lo mismo, Dios le respondió enviando fuego del cielo (1 Reyes 18:36-38); oró por lluvia y Dios envió lluvia sobre su pueblo (1 Reyes 18:41).

ELÍAS Y ELISEO: UN EJEMPLO DE DESARROLLO DEL LIDERAZGO DE LA GENERACIÓN EMERGENTE

Antes de la ascensión de Elías al cielo, Dios le dio una misión: llamar y capacitar a Eliseo como su sucesor (1 Reyes 19:16). (El significado del nombre Eliseo en hebreo es «mi Dios es salvación»). La Biblia no registra la cantidad de tiempo exacta de la capacitación de liderazgo que Eliseo recibió; sin embargo, está claro que, en el momento de la ascensión de Elías al cielo, Eliseo estaba listo para tomar el manto (**el testigo**)[1] de Elías, continuando el legado de liderazgo como profeta entre el pueblo de Israel. Dicha tarea lo llevaría a continuar con el desarrollo de profetas para las generaciones futuras.

De la misma manera que Moisés fue instruido por Dios para elegir a Josué como su sucesor, Elías también fue instruido por Dios para elegir y ungir a Eliseo como su sucesor (1 Reyes 19:16-19).

---

[1] Testigo (en inglés, *baton*): En las carreras de relevos, objeto que en el lugar marcado intercambian los corredores de un mismo equipo, para dar fe de que la sustitución ha sido correctamente ejecutada. Diccionario de la RAE. © Real Academia Española, 2016.

Desde el momento en que Elías arrojó su manto sobre Eliseo, el proceso de desarrollo del liderazgo había comenzado para Eliseo. ¿Cuáles son algunas de las lecciones valiosas que podemos sacar de este relato con respecto al desarrollo del liderazgo?

La obediencia a Dios en todo momento

Elías aprendió a escuchar y ser obediente al mandato de Dios. No hay ningún registro en este relato que nos llevaría a creer que Elías mostró inconformidad con el candidato de Dios; más bien, él fue obediente a Su elección para su reemplazo: «Y partió de allí y encontró a Eliseo, hijo de Safat, que estaba arando con doce yuntas de bueyes delante de él, y él estaba con la última. Elías pasó adonde él estaba y le echó su manto encima» (1 Reyes 19:19). Este versículo nos muestra que ceder a la voluntad de Dios y aceptar Sus decisiones en cuanto al liderazgo son señales de total obediencia hacia Él.

Una lección de humildad y amor para los líderes de Dios

Al examinar la travesía preciosa de liderazgo emprendida por Elías, somos capaces de identificarlo no solo como un hombre de mal genio, sino más bien como un profeta apasionado que amaba a Dios, a Eliseo y a la futura generación de profetas. Al final de su travesía de liderazgo, sabiendo que su hora de partida estaba cerca, tomó un sendero que lo llevaría a su ascensión al cielo. En ese viaje, veo que pasó a través de Gilgal, Betel, Jericó y el Jordán (2 Reyes 2:1-8).

¿Por qué Elías le pidió a su sirviente y líder en formación que permaneciera en Gilgal? Algunos han sugerido que, dado que Elías sabía que el Señor estaba a punto de llevarlo al cielo, él quería lograr dos cosas: en primer lugar, hacer su última visita y despedirse en las escuelas de los profetas, entre ellas la que él estableció (Betel); y en segundo lugar, pedirle a su líder en desarrollo, Eliseo, que se quedara atrás. Su petición no era grosera o cruel, sino más bien mostraría la humildad y el deseo de estar solo con el fin de prepararse para su partida. La decisión de Eliseo de continuar caminando con su maestro nunca fue negada. Por otra parte, Elías nunca privaría a su sirviente de pasar sus últimos momentos en la Tierra junto con su mentor. Jameison y otros, en el *Comentario exegético y explicativo de la Biblia* expresan lo siguiente acerca de este acontecimiento único:

> Este Gilgal (*Jiljil*) estaba cerca de Ebal y Gerizim; allí fue establecida una escuela de profetas. En Betel había también una escuela de profetas, que Elías había fundado, a pesar de que el lugar era la sede del culto al becerro; y en Jericó había otra (2 Reyes 2:4). Al viajar a estos lugares, impulsado por el Espíritu (2 Reyes 2:2, 4–6), Elías deseaba realizar una visita de despedida a estas instituciones, que se encontraban en su camino hacia el lugar de la ascensión y, al mismo tiempo, guiado por un sentimiento de humildad y modestia, deseaba estar en soledad, donde no hubiera testigos oculares de su glorificación. Sin embargo, todos sus esfuerzos por lograr que su ayudante se quedara atrás, fueron infructuosos. Eliseo sabía que el tiempo estaba cerca, y en todos los lugares los hijos de los profetas le hablaron de que su amo sería llevado próximamente. Su última etapa fue en el Jordán. Ellos fueron seguidos a distancia por cincuenta estudiosos de los profetas, desde Jericó, que deseaban, en honor a la gran ocasión, presenciar el traslado milagroso del profeta.[10]

Las experiencias de amor y humildad que Eliseo vivió mientras servía a Elías fueron valiosas y vitales para su desarrollo en el liderazgo.

Pasar el manto a la siguiente generación de líderes

Elías fue un líder extraordinario. Su ascensión al cielo sirve como un ejemplo de que a pesar de que no era perfecto, él caminó con Dios en fidelidad, humildad y obediencia. Justo antes de ser llevado al cielo y después de cruzar el Jordán, le preguntó a su discípulo qué podía hacer por él: «Y cuando habían pasado, Elías dijo a Eliseo: Pide lo que quieras que yo haga por ti antes de que yo sea separado de ti. Y Eliseo dijo: Te ruego que una doble porción de tu espíritu sea sobre mí» (2 Reyes 2:9). Este versículo demuestra que había llegado el momento de la promoción de Eliseo. Él había pasado la prueba, había concluido el entrenamiento, y ahora estaba listo para recibir el manto del liderazgo de parte de su mentor.

A pesar del hecho de que la petición de Eliseo era difícil (v. 10), Elías le da esperanza, y estuvo dispuesto a ceder su manto, o herencia de liderazgo, a Eliseo. Uno no puede dejar de observar el contraste entre los versículos 2 y 11. El primero es un ruego dirigido a Eliseo para que permaneciera en Gilgal; el segundo es una afirmación de que, si Eliseo se queda con Elías y ve su partida, su petición le sería concedida.

Cuando el tiempo de la graduación finalmente llegó, Eliseo se quedó no solo con un manto en las manos, sino también con el espíritu de Elías que reposó sobre su vida (vv. 12-15). Eliseo no solo experimentó la unción de Dios cuando cruzó el Jordán al golpear las aguas, sino más aún: la escuela de profetas fue testigo de sus milagros y lo recibió como líder. Las maravillas que siguieron en la vida de Eliseo pueden interpretarse de diferentes maneras, pero la historia registraría numerosos milagros realizados por el aprendiz que superó al maestro. Esta historia de Elías y Eliseo es un claro ejemplo de la esencia del desarrollo del liderazgo.

RESUMEN

Hemos visto una breve panorámica de dos líderes que pasaron el manto del liderazgo a la siguiente generación. Moisés y Elías, como nosotros, fueron seres humanos imperfectos. Sin embargo, su amor por Dios, y su estrecha relación con Él, les permitieron florecer en sus capacidades como modelos para el desarrollo del liderazgo. A la generación adulta de líderes hispanos le sería muy beneficioso aprender de los personajes del Antiguo Testamento que el desarrollo del liderazgo está en el corazón de Dios, y que la tarea de elegir a los líderes del futuro está al alcance de la mano. Pasemos ahora al Nuevo Testamento en busca de personajes bíblicos cuyas funciones fueron de influencia en el área del desarrollo del liderazgo para la generación emergente.

PREGUNTAS DE ESTUDIO

1. ¿Cuál es el significado sinónimo (así como teológico) del verbo hebreo *nagád* con relación al liderazgo?
2. ¿Cuál es la definición que Robert Clinton brinda con relación a un líder cristiano?
3. ¿Qué fue lo que Moisés como líder de Israel entregó a Josué mientras él todavía estaba vivo?
4. El versículo de 2 Reyes 2:9 demuestra que había llegado el momento de la promoción de Eliseo. Él había pasado la prueba, había concluido el entrenamiento. ¿Qué es lo que Eliseo estaba dispuesto a recibir de parte de su mentor?

PREGUNTA DE DIÁLOGO PARA GRUPOS

¿Qué puede aprender la generación adulta de líderes hispanos de los personajes del Antiguo Testamento en relación a la generación emergente?

Capítulo 4
NUEVO TESTAMENTO

En el Nuevo Testamento, cuando le escribe a los Efesios, Pablo habla de desarrollo del liderazgo. Él hace hincapié en las funciones y los objetivos de los líderes escogidos por el Señor para servir en la Iglesia, a fin de perfeccionar a los santos y para la edificación del cuerpo de Cristo. El siguiente versículo describe la esencia del desarrollo del liderazgo: «Y El dio a algunos el ser apóstoles, a otros profetas, a otros evangelistas, a otros pastores y maestros, a fin de capacitar a los santos para la obra del ministerio, para la edificación del cuerpo de Cristo» (Efesios 4:11-12).

El Nuevo Testamento narra las historias de desarrollo del liderazgo mediante la relación entre Jesús y Sus discípulos, y entre Pablo y Timoteo. En este capítulo, intentaré centrar la atención en el desarrollo del liderazgo entre la generación emergente dentro de los personajes bíblicos del Nuevo Testamento anteriormente mencionados. También voy a subrayar el papel del Espíritu Santo en el desarrollo del liderazgo. Hay más personajes del Nuevo Testamento que pueden servir de ejemplo para el desarrollo del liderazgo; sin embargo, he elegido los personajes anteriores debido a su tarea distintiva de empoderar a la generación emergente de líderes dentro de su contexto.

JESÚS Y SU LEGADO DE LIDERAZGO

La narrativa del Antiguo Testamento termina con escritos pertenecientes a los profetas menores y sus interminables apelaciones a los hijos de Israel a que obedecieran los mandamientos de Dios. El último escrito del Antiguo Testamento advierte a Israel sobre el gran día del Señor, sin embargo, en el mismo libro, el profeta Malaquías emite un oráculo de esperanza para los que temen el nombre del Señor y los que están dispuestos a vivir una vida de justicia (Malaquías 4:1-2).

La siguiente narrativa pertenece al Nuevo Testamento. Sus primeros capítulos narran la genealogía de Jesús, colocándolo como el «Mesías» o el «Ungido» (Mateo 1:1). Jesucristo se convertiría en el primer líder del Nuevo Testamento y elegiría a doce personas para que se convirtieran en Sus discípulos; y al hacerlo, Él marcó el comienzo de una nueva era de desarrollo del liderazgo. Lo notable acerca de esta narrativa en particular del Nuevo Testamento es el hecho de que, en el pasado, el Señor instruyó a líderes como Moisés y Josué, y a profetas como Elías y Eliseo, para que instaran a Israel a seguir los mandamientos del Señor. En esta ocasión, sería Dios mismo quien vendría a guiar, instruir, y morir por la humanidad. La palabra griega que se usa en el *Dictionary of Biblical Languages with Semantic Domains* [Diccionario de idiomas bíblicos con campos semánticos] para 'líder' o 'dirigir' es ὁδηγός *hodegós*, que significa 'líder o guía'. La palabra griega *hodegéo* significa «guiar», «mostrar el camino», «instruir».[1] Todas las características que se encuentran en la palabra *hodegéo* se cumplirían en la vida de Jesucristo en la Tierra.

Otro término que está directamente relacionado con el desarrollo de liderazgo es «**empoderamiento**». Las palabras griegas relacionadas con empoderamiento son *energeo* y *energema* que significan 'función, causar un funcionamiento, conceder la habilidad para hacer un trabajo, o un acto' (1 Corintios 12:6, 10, 11, ESV). La otra palabra que se relaciona con empoderamiento es *exousia* que significa 'poder hacer algo, lo que implica autoridad'. Jesús recibió poder y autoridad, y de la misma manera, Él empoderó a Sus discípulos para ir y hacer discípulos, y para bautizarlos. Les empoderó para el ministerio (Mateo 28:18-19).[2]

Jesucristo es, sin lugar a dudas, el mejor ejemplo de lo que debería ser el desarrollo del liderazgo. La prueba de Su éxito como líder y como mentor consiste en el hecho de que Sus discípulos se convirtieron en los líderes de la iglesia primitiva y nosotros los cristianos somos el fruto de Su liderazgo. La cantidad de líderes que surgieron de Su liderazgo, mientras estuvo en la Tierra, es innumerable. Veamos algunas de Sus estrategias de desarrollo del liderazgo que se encuentran en el Nuevo Testamento.

ESTRATEGIAS DE DESARROLLO DEL LIDERAZGO UTILIZADAS POR JESÚS CON SUS DISCÍPULOS

El éxito del liderazgo de Jesucristo se debió en parte a la forma en que llegó a dominar Su capacitación de discipulado. Un vistazo a los cuatro Evangelios dará testimonio de la eficacia de Su enfoque con respecto a la mentoría y el desarrollo de líderes. Jesucristo estaba consciente del poco tiempo que tendría disponible en la Tierra. Cada ocasión se convirtió en una lección que aprender y una nueva estrategia a ser observada. Su capacitación fue intencional; Él estaba plenamente consciente del hecho de que Sus discípulos se convertirían en la próxima generación de líderes en los años venideros. A pesar de la infinidad de estrategias que vale la pena analizar, en este capítulo me referiré solo a unas pocas, y mencionaré algunas más en los últimos capítulos de este libro.

Elija a gente ordinaria que con el tiempo se convertirán en líderes extraordinarios

Los doce candidatos para el liderazgo que Jesús eligió no eran nada más que gente común. En este grupo encontramos pescadores como Pedro, Andrés y Juan (Mateo 4:18-20); un recaudador de impuestos, Mateo (Mateo 9:9); y un traidor llamado Judas, solo para nombrar unos pocos (Marcos 3:19). Jesús escogió a Sus discípulos, a pesar de sus orígenes humildes, sin ningún tipo de animosidad, prejuicio o discriminación. Jesús sabía que algunos de ellos ya habían seguido a Juan el Bautista, pero estaba consciente del hecho de que todos y cada uno de ellos tenían el potencial de convertirse en la próxima generación de líderes que con el tiempo transformaría el mundo con Su evangelio.

Jesucristo era una persona audaz, que asumía riesgos. Ningún líder de experiencia que busca su equipo de ensueño comenzaría jamás un grupo eligiendo en primer lugar a gente ordinaria; sin embargo, Jesús creía firmemente en ir de lo ordinario a lo extraordinario. A. B. Bruce, en su obra *The training of The Twelve* [El entrenamiento de los doce], confirma el hecho de que este grupo de doce fue elegido no solo para ser capacitados por el Señor como futuros líderes, sino más importante, como líderes que serían capacitados para la extraordinaria posición del apostolado. Bruce afirma:

> «Los doce entraron en la última y más elevada etapa del discipulado cuando fueron elegidos por su Maestro entre las masas de Sus seguidores, y pasaron a formar un grupo selecto con el objetivo de ser capacitados para la gran labor del apostolado».[3]

Esta estrategia usada por Jesús sirve como un recordatorio de que cualquiera que es llamado a una posición de liderazgo tiene el potencial de hacer grandes cosas para el reino de Dios.

Una capacitación eficaz del liderazgo incluye amistad

Aquellos de nosotros que creemos en la formación del liderazgo a menudo nos enfrentamos con el gran peligro de no predicar con el ejemplo. En mi travesía personal de liderazgo, he llegado a la conclusión de que el desarrollo del liderazgo siempre requerirá amistad y comunión con aquellos que estamos guiando. Juan (el amado), apóstol de Jesucristo, fue uno de Sus discípulos que dio testimonio de la amistad y el compañerismo que había experimentado con su Maestro Jesucristo. En el evangelio que lleva su propio nombre, él testificó sobre la relación personal e íntima de Jesús con Sus discípulos: «Y el Verbo [*Jesús*], se hizo carne, y habitó entre nosotros, y vimos su gloria, gloria como del unigénito del Padre, lleno de gracia y de verdad» (Juan 1:14, énfasis añadido). Los discípulos de Jesús no solo recibieron Su capacitación personal, sino que también experimentaron Su compañía, amor y compasión. Jesús comía con ellos, caminaba con ellos, dormía entre ellos, y finalmente sufrió la muerte por ellos.

Un líder eficaz es aquel que está dispuesto a ganarse la confianza de sus seguidores al convertirse en su amigo. El libro de Jesse Miranda, *Liderazgo y amistad*, propone que un líder debe ser «amigo-principal, que vive con integridad en sociedad, practica la intimidad con sus seguidores como Jesús».[4] Esta estrategia es una ilustración vívida que nos recuerda que una capacitación eficaz del liderazgo no solo abarca teoría, o conferencias, sino una relación personal entre el líder y el seguidor.

Oración

Una de las características únicas de la capacitación de Jesús fue el gran valor que le dio a la oración. Muy a menudo en el evangelio, encontramos que Jesús mismo se apartaba con el fin de pasar tiempo a solas con Su padre. Sin embargo, a pesar de que era el hijo de Dios, como ser humano, Él comprendió la importancia de conectarse y tener intimidad con Su padre. Por ejemplo, Jesús aprendió la importancia de la oración y enseñó a Sus discípulos a orar (Mateo 6:9-13); también aconsejó a Sus discípulos acerca de la importancia del ayuno (Mat. 6:16-18). Por último, Jesús siempre deseaba estar a solas con Su padre (Mateo 14:23); ni siquiera la cruz fue capaz de detener la comunicación entre Él y Su padre. Cuatro de las siete palabras pronunciadas desde la cruz estaban dirigidas directamente a Su padre.

En Hechos 2:42-47, encontramos a Sus discípulos en oración, buscando al Señor, y procurando comunión e intimidad con Él en todo momento. Jesús siempre sacaba tiempo de Su apretada agenda para estar a solas con Su padre. Los discípulos entendieron el deseo de Jesús de estar a solas con Dios. Después de Su partida al cielo, ellos también practicaron la oración, el ayuno y la intimidad con Dios. De hecho, la oración es un componente fundamental para el desarrollo efectivo del liderazgo. Jan Johnson, en su libro *Spiritual Disciplines Companion* [Manual complementario de disciplinas espirituales], nos recuerda la importancia de pasar tiempo de calidad con Dios. Ella afirma:

> Algunos pueden preguntarse por qué Jesús necesitaría un patrón de escapadas privadas mientras vivía en la Tierra como un ser humano. ¿No había pasado ya la eternidad en comunión con el Padre? Esto desconcertó incluso a los discípulos, que en los Evangelios nos los presentan buscando

a Jesús cuando Él se había apartado a orar... Pero Su urgencia y frecuencia nos dejaban entrever algo mejor: Él buscaba la soledad, simplemente porque anhelaba estar a solas con Dios.[5]

Servidumbre

Este pasaje bíblico en particular describe el papel de cada líder cuando él o ella está capacitando a la próxima generación de líderes, y ese papel es el de la servidumbre:

> ...cualquiera de vosotros que desee llegar a ser grande será vuestro servidor, y cualquiera de vosotros que desee ser el primero será siervo de todos. Porque ni aun el Hijo del Hombre vino para ser servido, sino para servir, y para dar su vida en rescate por muchos (Marcos 10:43-45).

La servidumbre es una estrategia valiosa de liderazgo. Jesucristo dio a Sus discípulos muchas lecciones vívidas sobre la importancia de servir en vez de ser servido. Desde Su humilde concepción hasta Su crucifixión, Él mostró a Sus discípulos con el ejemplo que, en el liderazgo, es mejor servir que ser servido. Uno de los ejemplos clásicos de servidumbre del Señor se encuentra en Juan 13:4-11 cuando Jesús sorprendió a Sus discípulos al lavarles los pies. Cuando Pedro se opuso a un acto tan humillante, Jesús aprovechó la oportunidad para mostrarle a él y al resto de sus condiscípulos que la vida de un líder debe ser de humildad y servicio en todo momento. Solo cuando aprende a servir en primer lugar, el líder será capaz de entender que servir a los demás es un privilegio y un acto de obediencia al mandato del Señor. Robert Greenleaf, al hablar en *Servant Leadership* [Liderazgo de servicio] sobre la prioridad de servir a otros, expresó:

El siervo natural, la persona que en primer lugar es un siervo, es más probable que persevere y perfeccione una hipótesis particular sobre lo que sirve a las necesidades prioritarias más altas de otro, en comparación con la persona que es líder primero y que más tarde sirve por motivos de conciencia o en conformidad con las expectativas normativas.[6]

Esta estrategia usada por el Señor impregnó la perspectiva futura de los discípulos en cuanto a la servidumbre. Después de la muerte de Jesús, Sus discípulos imitaron a su Maestro; ellos sacrificaron sus vidas por la causa de Cristo.

Evangelismo

Jesús comprendió la importancia del evangelismo. En Lucas 10:1-16, Jesús instruyó a Sus discípulos sobre la evangelización eficaz. Veamos algunas de Sus enseñanzas que se pueden aplicar a una capacitación eficaz de desarrollo del liderazgo. Los envió de dos en dos a cada ciudad, sabiendo que la cosecha estaba lista; sin embargo, los que estaban dispuestos a recogerla eran pocos. Él les advirtió sobre los peligros de la evangelización. Serían como corderos en medio de lobos. También les advirtió sobre la importancia de no llevar nada para el viaje, y confiar en Dios para sus necesidades. Él les dijo que llevaran la paz a las casas en que entraran, y anunciaran que el reino de Dios había llegado a ellos. Este es el desarrollo del liderazgo que se centra no solo en la teoría sino también en la práctica.

Los setenta discípulos regresaron con buenas noticias, y Jesús celebró su éxito al recordarles que, aunque los demonios se sometieron en Su nombre, sus nombres (los de los discípulos) estaban escritos en los cielos, y esa era una razón para que se regocijaran. El evangelismo es importante, como lo es una capacitación adecuada. Enviar a la gente a evangelizar sin la instrucción apropiada no es prudente. El evangelismo es una de las áreas responsables del crecimiento hispano; por lo tanto, es vital estudiar y aplicar las estrategias de Jesús con la Generación Hispana Emergente. En el capítulo 10, trataré la importancia de la evangelización.

EL APÓSTOL PABLO

El apóstol Pablo fue un líder llamado por el Señor para ministrar entre los gentiles (Hechos 9:15). Durante su liderazgo, él fue capaz de hacer que varios laicos se convirtieran en líderes. Una de las personas responsables del desarrollo de liderazgo de Pablo fue Bernabé. De acuerdo con la Escritura, Bernabé fue a Antioquía para buscar a Pablo, y durante al menos un año Bernabé capacitó y preparó a Pablo para el ministerio: «Y Bernabé salió rumbo a Tarso para buscar a Saulo; y cuando lo encontró, lo trajo a Antioquía. Y se reunieron con la iglesia por todo un año, y enseñaban a las multitudes; y a los discípulos se les llamó cristianos por primera vez en Antioquía» (Hechos 11:25-26).

En resumen, Pablo se convirtió en un líder sobresaliente, cuyas contribuciones al cristianismo son altamente valoradas. El legado del liderazgo de Pablo incluye: (1) sus escritos, Pablo fue uno de los autores del Nuevo Testamento; (2) las misiones, Pablo estableció nuevas iglesias en todo el Imperio romano; y (3) la mentoría, Pablo fue mentor de laicos que con el tiempo se convertirían en pastores, misioneros, historiadores y líderes de las iglesias que él estableció.

PABLO Y TIMOTEO: UN EJEMPLO DE DESARROLLO DEL LIDERAZGO DE LA GENERACIÓN EMERGENTE

Pablo capacitó a muchos líderes para el ministerio, y entre ellos, Timoteo es un ejemplo notable de la importancia de capacitar a la próxima generación de líderes. Durante su primer viaje misionero, Pablo conoció a Timoteo en circunstancias extremas. Sin embargo, a partir de ese momento, Timoteo se convirtió en compañero de Pablo y este vertió sus experiencias de liderazgo en Timoteo. Como resultado, la inversión de Pablo en la vida de Timoteo finalmente dio sus frutos. Si bien hay muchas estrategias de liderazgo que se pueden extraer del ministerio de Pablo, examinemos algunas de las que él utilizó durante la capacitación de Timoteo.

Perseverancia

La providencia de Dios propició el encuentro de Pablo con Timoteo, el cual se produjo después de una golpiza que casi le cuesta la vida a Pablo. Este ejemplo no fue el único en el que Timoteo fue capaz de observar la perseverancia de Pablo, especialmente en las circunstancias más negativas. Pablo fue atacado constantemente por personas que, en lugar de convertirse en colaboradores en el ministerio, optaron por destruir la labor de Pablo en el ministerio. Sin embargo, Pablo se mantuvo fiel a la obra de Dios y a los que el Señor puso bajo las alas de su mentoría. En su primera carta a Timoteo, Pablo le exhorta a observar y practicar la perseverancia hasta el final:

> Por tanto, todo lo *soporto* por amor a los escogidos, para que también ellos obtengan la salvación que está en Cristo Jesús, y con ella gloria eterna. Palabra fiel es ésta: Que si morimos con Él, también viviremos con Él; si perseveramos, también reinaremos con

Él; si le negamos, Él también nos negará; si somos infieles, Él permanece fiel, pues no puede negarse a sí mismo (2 Timoteo 2:10-13, énfasis añadido).

Una de las lecciones que necesita ser trasmitida mientras capacitamos a la próxima generación es la de la perseverancia. Como líderes cristianos, es bueno recordar que en el mundo en que vivimos necesitamos depender del Señor si queremos mantener el rumbo, aun en medio de situaciones hostiles.

Amor genuino

El amor de Pablo por todos sus líderes en formación era genuino, sobre todo su amor por Timoteo. Desde su primer encuentro con Timoteo en Listra (Hechos 14:8-23; 1 Timoteo 1:2) hasta sus últimas instrucciones (2 Timoteo), Pablo expresó amor hacia él. Se cree que parte de la segunda carta escrita a Timoteo, incluía posiblemente, la última voluntad de Pablo (2 Timoteo 4:6-8). Pablo se acordaba de Timoteo en todo momento. De hecho, él lo llamó «mi hijo amado» y anhelaba verlo. Por otra parte, recordar las lágrimas de Timoteo era un recuerdo estimulante que le traía alegría a Pablo en medio de sus persecuciones:

> A Timoteo, amado hijo: Gracia, misericordia y paz de parte de Dios Padre y de Cristo Jesús nuestro Señor. Doy gracias a Dios, a quien sirvo con limpia conciencia como lo hicieron mis antepasados, de que sin cesar, noche y día, me acuerdo de ti en mis oraciones, deseando verte, al acordarme de tus lágrimas, para llenarme de alegría (2 Timoteo 1:2-4).

En su primera carta a Timoteo, Pablo dejó claro que el objetivo de sus instrucciones era el amor. Él expresa: «Pero el propósito de nuestra instrucción es el amor nacido de un corazón puro, de una buena conciencia y de una fe sincera» (1 Timoteo 1:5).

Usted puede preguntar: «¿Cómo se relaciona el amor con el desarrollo del liderazgo?». El amor es un componente esencial del desarrollo del liderazgo. Los pastores, los líderes y los laicos pueden beneficiarse mucho unos de otros, si aprenden a añadir una relación de amor a su capacitación. Nuestra próxima generación necesita sentir el amor de sus mentores. Ellos necesitan ver que nos preocupamos por ellos al tenerlos en nuestras oraciones, en nuestras mentes y en nuestros corazones. La próxima vez que alguien nos sugiera que no hay que acercarse demasiado, ni ser muy afectivos con los que estamos capacitando, debemos decirles: «Yo quiero imitar el amor de Jesús y de Pablo por sus aprendices».

Participación activa

El enfoque de liderazgo de Pablo incluía capacitación práctica. En la primera carta de Pablo a Timoteo, él le da tareas a su protegido. Pablo nombró a Timoteo para instruir y enseñar (1 Timoteo 1:3; 4:11). Pablo encomendó a Timoteo el cuidado de las iglesias que él había establecido; la confianza que tenía en él era evidente. A través de la relación de Pablo y Timoteo aprendemos que en el liderazgo la función del maestro es importante. A menudo ponemos mucho énfasis en la función del pastor, pero nos olvidamos de que la enseñanza también es un ministerio. De hecho, la enseñanza es el don del Espíritu Santo «a fin de capacitar a los santos para la obra del ministerio, para la edificación del cuerpo de Cristo» (Efesios 4:11-12). Pablo no sentía ni miedo ni celos de poner a Timoteo en el ministerio. De la misma manera, los pastores y líderes en nuestras iglesias deben sentir la necesidad de poner a los laicos en el ministerio. Lo que es más importante, la próxima generación de líderes necesita nuestra confianza. A medida que los capacitamos, ellos esperan ganar nuestra confianza y que les demos oportunidades de ministerio.

Elaboración de un manual de liderazgo

Una visión general de las dos cartas escritas a Timoteo puede servir como base para un manual de desarrollo del liderazgo. Este método fue utilizado por Pablo durante la capacitación de sus aprendices. Su enfoque de capacitación era específico e instructivo; que no dejaba lugar a malentendidos o confusiones. La capacitación verbal es buena, pero las instrucciones escritas o manuales para líderes también son importantes. Dios nos ha dejado un manual de instrucción, y de la misma manera es importante dejar un manual para la próxima generación de líderes. Si nos fijamos en el manual de Pablo para el liderazgo, que se encuentra en las dos cartas escritas a Timoteo, encontramos instrucciones sobre una serie de temas. A continuación algunos temas que se tratan en la primera carta:

    Fe y conciencia (1:18)
    Oraciones (2:1-8)
    Comportamiento de las mujeres (2:9-15)
    Función de obispos y diáconos (capítulo 3)
    Disciplina (4:6-10)
    Cómo ser un ejemplo para otros (4:11)
    Importancia de la lectura de la Escritura (4:13)
    Respecto a los ancianos (5:17-23)

En la segunda carta dirigida a Timoteo, Pablo le da a su amado discípulo algunas instrucciones de última hora. Su último encargo a Timoteo fue predicar la palabra en todo momento, y redargüir, reprender y exhortar (2 Timoteo 4:2). Por último, le dio instrucciones a Timoteo de soportar las dificultades mientras hacía la obra de evangelista (4:5). Las lecciones valiosas que se encuentran en las cartas de Pablo a Timoteo sirven como un recordatorio de que la capacitación del liderazgo es para toda la vida. Se requiere perseverancia, amor, práctica y un manual que contenga directrices.

EL PAPEL DEL ESPÍRITU SANTO EN LA GENERACIÓN BÍBLICA EMERGENTE

El Espíritu Santo ha jugado un papel importante en el desarrollo del liderazgo. Desde el momento de la creación de la humanidad (Génesis 1:2) hasta el final de los tiempos (Apocalipsis 22:17) el Espíritu Santo ha estado presente.

El Espíritu Santo en el Antiguo Testamento

En el Antiguo Testamento vemos que el Espíritu Santo desciende sobre algunos líderes en particular y les capacita para realizar ministerios o tareas específicas. Muchas veces en el Antiguo Testamento, el Espíritu Santo es conocido como «El Espíritu del Señor» (Jueces 14:6), y «el Espíritu de Dios» (Génesis 1:2). Podemos encontrar ejemplos en los que el Espíritu descendió sobre David (1 Samuel 16:12-13) y Saúl (1 Samuel 10:10, cuando el Espíritu capacitó a Saúl específicamente para profetizar), y sobre otros. En la vida de Moisés, Elías y Eliseo, vemos la manifestación de señales y prodigios que ocurrieron debido al empoderamiento del Espíritu (Éxodo 14:1-31; 1 Reyes 18:36-38; 2 Reyes 4:32-37) y en Josué, yo veo el Espíritu de Dios sobre su vida cuando Moisés es instruido para poner sus manos sobre él (Números 27:18).

El Espíritu Santo en el Nuevo Testamento

… pero recibiréis poder cuando el Espíritu Santo venga sobre vosotros; y me seréis testigos en Jerusalén, en toda Judea y Samaria, y hasta los confines de la tierra (Hechos 1:8).

En los primeros capítulos del libro de los Hechos, antes de la ascensión del Señor al cielo, 120 personas procuraban recibir el poder del Espíritu Santo (Hechos 1:12-14). En este grupo, once de los doce discípulos del Señor estaban presentes. Se reunieron en el aposento alto en un acto de obediencia al mandato del Señor de permanecer allí y esperar a que el poder del Espíritu Santo viniera sobre sus vidas.

Los líderes futuros de la iglesia primitiva recibieron un **empoderamiento** para el ministerio y el liderazgo. El Señor les ordenó ir a predicar el evangelio y hacer discípulos. A continuación mencionamos algunos ejemplos del papel del Espíritu Santo en el desarrollo del liderazgo, según lo registrado por Lucas en su libro de los Hechos:

Empoderamiento: un total de 120 personas fueron llenas del Espíritu Santo y comenzaron a hablar en otras lenguas (Hechos 2:1-4).

Predicación: los mensajes de Pedro, después de ser lleno del Espíritu Santo, dieron lugar a la salvación de por lo menos ocho mil personas (2:41; 3:25); se estableció la iglesia primitiva y la próxima generación de líderes comenzó su formación, la cual incluyó a siete hombres de buena reputación y llenos del Espíritu y la sabiduría de Dios (2:42-47; 6:1-6).

Señales y prodigios: el Espíritu Santo capacitó a la nueva generación de líderes para realizar señales y prodigios (2:43); la proclamación de Cristo superó las fronteras de Jerusalén, y se abrió camino a los gentiles y al resto del mundo (8:4-16; 10:34-35); la conversión del apóstol Pablo se llevó a cabo de una manera tan inaudita que, después de ser lleno con el Espíritu Santo, Pablo se convirtió en el apóstol llamado por Dios para ministrar a los gentiles (9:15-17). Pablo pertenecía a la próxima generación de líderes; y, al mismo tiempo, él capacitó y desarrolló a los de la generación emergente (Timoteo, Lucas, Tito) para el liderazgo y para continuar con la proclamación del evangelio de Jesucristo.

El Espíritu Santo siempre ha desempeñado un papel vital en el desarrollo del liderazgo. Él estaba presente y activo en el Antiguo Testamento, así como en el Nuevo Testamento, empoderando a los líderes para el servicio y permitiéndoles utilizar los dones disponibles para ellos con el fin de que llevaran a cabo la tarea dada por Dios. Que nuestra nueva generación de líderes permita que el Espíritu Santo los empodere para el servicio, de la misma manera que lo hizo en el Antiguo y Nuevo Testamento.

RESUMEN

Hemos echado un vistazo general al Antiguo y Nuevo Testamento en busca de ejemplos de desarrollo del liderazgo. También he presentado las estrategias utilizadas por Moisés, Elías, Jesús y Pablo. Estas estrategias fueron eficaces y exitosas, y dieron como resultado una gran cosecha de líderes de generación en generación hasta nuestros días. Concluimos la parte B y este capítulo con la siguiente observación: el desarrollo del liderazgo hispano puede ser más eficaz si estamos dispuestos a comprender la importancia de su desarrollo a través de los relatos bíblicos. La práctica y el uso de los principios que se encuentran en la Biblia deben ser aceptados como herramientas valiosas para lograr un desarrollo adecuado del liderazgo dentro de nuestras denominaciones hispanas. En la siguiente sección voy a presentar un estudio de caso de la denominación Asambleas de Dios, que incluye la historia detrás del desarrollo del liderazgo entre los hispanos desde los años 1900, y una breve revisión de la formación de un distrito hispano latinoamericano.

PREGUNTAS DE ESTUDIO

1. ¿Cuál es la palabra griega usada en el Diccionario de idiomas bíblicos para 'líder' o 'dirigir', y cuál es su significado?
2. ¿Cuál es el significado de la palabra «empoderamiento» según las palabras griegas *energeo, energema* y *exousia*?
3. Jesús estaba consciente del hecho de que Sus discípulos tenían el potencial de convertirse en...
4. Nombre una de las áreas responsables del crecimiento hispano en Estados Unidos.
5. ¿Cuáles son las dos áreas que Jesse Miranda, en su libro *Liderazgo y Amistad*, propone para un buen líder?
6. Nombre al menos dos de las estrategias utilizadas por Pablo en el curso de la capacitación de Timoteo.

PREGUNTA DE DIÁLOGO PARA GRUPOS

¿Cuál es el papel del Espíritu Santo en el desarrollo de liderazgo?

PARTE C.
ESTUDIO DE CASO: LAS ASAMBLEAS DE DIOS

Una de las mejores maneras de entender el desarrollo del liderazgo es analizar la forma en que se ha aplicado dentro de una denominación a lo largo de muchos años, para observar los éxitos y también los desafíos inevitables, de manera que aprendamos de ellos. Usted ya está familiarizado tanto con la base bíblica del desarrollo del liderazgo como con el contexto hispano de la fe cristiana en Estados Unidos. Vamos a echarle un vistazo a la manera en que estas enseñanzas bíblicas han sido aplicadas por una denominación hispana grande y creciente. Este estudio de caso incluye una breve historia del desarrollo pentecostal de las Asambleas de Dios. Haremos especial énfasis en los líderes que allanaron el camino para este próspero movimiento latinoamericano, cuya membresía en términos generales es de casi 292.000 personas. En la última sección de este capítulo, analizaremos un distrito hispano llamado Distrito Latinoamericano del Pacífico Norte (NPLAD, por sus siglas en inglés). Daremos un recorrido por su demografía, su filosofía ministerial, y finalmente los desafíos que este distrito, que ya cuenta con diecisiete años, debe enfrentar.

Capítulo 5

EL DESARROLLO PENTECOSTAL EN ESTADOS UNIDOS

Si hay una familia que puede catalogarse como una hermosa mezcla de diversas culturas hispanas, esa es la mía. Hemos sido bendecidos con una familia que está representada por lo menos por cuatro países: Guatemala, Puerto Rico, Cuba y España. Nos encanta ir de vacaciones y visitar diferentes lugares siempre que las finanzas lo permiten. Cada año nos reunimos alrededor de la mesa y allí decidimos qué lugar visitaremos durante nuestras vacaciones. Todo el mundo presenta su opinión, cada voto cuenta y al final gana la mayoría.

Hace algunos años, una de mis hijas sugirió que fuéramos al lugar de sus antepasados. El país que ganó la votación fue Guatemala, donde yo nací. Tiffany dijo: «Papá, tú siempre dices que naciste prácticamente junto al altar dentro de la casa pastoral de la iglesia. Quiero visitar el sitio exacto y la habitación en la que naciste». Eso era un reto, porque la casa pastoral donde nací ya había sido remodelada varias veces. Después de llegar al aeropuerto internacional en Guatemala, nos dirigimos a mi lugar de nacimiento. Logramos entrar a la casa y visitar la habitación en la que vine a este mundo. Tiffany estaba satisfecha y emocionada por ver el lugar.

Es importante saber de dónde venimos. Nuestra historia y nuestros antecedentes sirven como puntos de referencia para el legado que dejaremos. De igual manera, es importante conocer nuestra formación cristiana, los comienzos humildes y el patrimonio de las denominaciones a las que pertenecemos. Vamos a dar un recorrido por el rico legado de una denominación llamada Las Asambleas de Dios.

Las Asambleas de Dios es una de las mayores denominaciones pentecostales en el mundo, con una membresía en Estados Unidos de más de 3.000.000, y más de 67.000.000 a nivel mundial.[1] Se estableció en Estados Unidos en el año 1914. Esta denominación no fue responsable del inicio del movimiento pentecostal, sino más bien de la unificación del liderazgo pentecostal bajo una sola confraternidad. La formación del pentecostalismo en Estados Unidos se remonta a muchos años antes de la formación de las Asambleas de Dios.

Algunos de los sucesos que condujeron al desarrollo del movimiento pentecostal fueron los avivamientos espirituales durante el Primer y el Segundo Gran Despertar. Estos acontecimientos prepararon el terreno para que los precursores pentecostales se esforzaran insaciablemente por tener nuevos derramamientos espirituales. En *Brief History of the Assemblies* [Breve historia de las Asambleas] se describe su avidez de la siguiente manera:

> Los pioneros pentecostales deseaban profundamente un cristianismo auténtico, y miraban los derramamientos espirituales anteriores, como el Primer Gran Despertar (1730–1740) y el

Segundo Gran Despertar (1800–1830), para obtener inspiración e instrucción. Ellos se identificaban con la tradición de reformadores y renovadores como Martín Lutero, Juan Wesley y Dwight L. Moody.[2]

Uno de los líderes que influyó en los inicios del movimiento pentecostal en Estados Unidos fue Charles F. Parham, un ministro metodista que había pastoreado una iglesia en Kansas. Su deseo de ser usado por Dios en una dimensión mayor lo llevó a abrir un nuevo ministerio en Topeka (Kansas), en el año 1898. El nombre de este ministerio fue La Casa de Sanidad Betel. Después, Parham abrió una escuela bíblica y comenzó a enseñar a un pequeño grupo de estudiantes sobre el tema de los dones espirituales. Él creía que, si estos dones espirituales todavía eran accesibles, Dios se los daría no solo a él sino también a sus estudiantes.[3]

Parham instruyó a sus estudiantes para que estudiaran la Biblia con el objetivo de encontrar pruebas en la Escritura que fundamentaran el recibimiento del bautismo del Espíritu Santo. Por medio de una ardua búsqueda, sus estudiantes encontraron que esas pruebas se corroboraban en el Libro de los Hechos. A partir de ese momento, comenzaron a abrir sus corazones al bautismo del Espíritu Santo.

A principios del siglo XX, tuvo lugar la primera manifestación de lo que los pentecostales llaman el bautismo del Espíritu Santo, con la evidencia de hablar en lenguas, en una vigilia nocturna. Durante este culto, una estudiante de la Biblia que se llamaba Agnes N. Ozman le pidió a Parham que orara para que el bautismo del Espíritu Santo se derramara sobre ella. En el primer día del siglo XX, ella comenzó a hablar en lenguas. Peter Wagner, una destacada autoridad en el campo de la evangelización, en su libro *Sus dones espirituales pueden ayudar a crecer a su iglesia* llama a este acontecimiento el principio de lo que ahora se conoce como «El movimiento pentecostal clásico». Él expresa:

Las raíces de esta novedad comenzaron en el año 1900, la fecha más aceptada para lo que ahora se conoce como el movimiento pentecostal clásico. Durante una vigilia nocturna, que comenzó el 31 de diciembre de 1900, y terminó en lo que es, técnicamente, el primer día del siglo xx, Charles Parham de Topeka (Kansas), impuso sus manos sobre Agnes Ozman, ella comenzó a hablar en lenguas y el movimiento inició.[4]

LOS ORÍGENES DE LAS ASAMBLEAS DE DIOS

Uno de los factores que llevaron a un grupo de ministros a organizar una reunión en el año 1914 fue la necesidad de tener un movimiento organizado cuya característica principal fuera el bautismo del Espíritu Santo, con la evidencia de hablar en lenguas. Poco después, se hizo una invitación a todos los ministros y misioneros para asistir al Concilio General en Hot Springs (Arkansas). A pesar de la oposición de los movimientos conservadores de la época, 300 de las personas que respondieron al llamado eran líderes, ministros y misioneros. Algunos de los líderes que asistieron representaban diferentes organizaciones pentecostales, tales como La Alianza Cristiana y Misionera, *Dowie's Zion* [La Sion de Dowie], varias misiones de Chicago, La Fe Apostólica de Parham, y la Iglesia de Dios en Cristo con sede en Alabama.[5]

El Concilio General se llevó a cabo del 2 al 12 de abril de 1914. Uno de sus resultados más importantes fue la formación de una asociación cuyo propósito principal fue «reconocer los métodos y las formas escriturales para la adoración, la unidad, la comunión, el trabajo y los proyectos para Dios y desaprobar todos los métodos, doctrinas y conductas que no fueran escriturales». Los delegados que asistieron a este Concilio votaron por incorporar esta nueva organización bajo el nombre de «Concilio General de las Asambleas de Dios».⁶

Las Asambleas de Dios creen en el evangelismo, el discipulado y las misiones. Dios en realidad ha bendecido este movimiento. Las estadísticas demográficas de las Asambleas de Dios en Estados Unidos en el 2014 informan un total de 675 secciones, 12.849 iglesias y una membresía total de 1.812.126. Además, el 13,3% de esta membresía está compuesta por niños, 14,5% son niñas, 31,5% son hombres y 40,6% son mujeres. Su mayor asistencia general a un servicio es de 1.927.575, los seguidores en total son 3.146.741. Aparte de este informe es importante resaltar el hecho de que el **22,5% (706.570)** de los seguidores de las Asambleas de Dios es de origen hispano. Sus estadísticas a nivel mundial muestran que poseen 360.074 iglesias y 67.290.023 seguidores.⁷

Las estadísticas demográficas de sus distritos hispanos son las siguientes: **2.118 iglesias, una membresía total de 292.972 personas,** que incluye 45.123 niños, 51.579 niñas, 121.410 hombres y 159.276 mujeres. El número total de seguidores es 379.388 y la mayor asistencia a la iglesia es de 272.708 personas.⁸ Este número podría ser mayor porque aproximadamente el 20% de las iglesias hispanas no envían sus informes de estadísticas demográficas.

LA HISTORIA DE LAS ASAMBLEAS DE DIOS LATINOAMERICANAS

Uno de los pasajes más tristes en el Antiguo Testamento de la Biblia se encuentra en el libro de Jueces. **Es la historia de una generación emergente que siguió después de la muerte de Josué. Ellos no tenían un conocimiento personal de Dios, y no sabían lo que el Señor había hecho por Israel** (Jueces 2:10). Las consecuencias fueron catastróficas. El libro de Jueces nos dice que ellos «hicieron lo malo ante los ojos del SEÑOR y sirvieron a los baales» (Jueces 2:11). Ellos «se prostituyeron siguiendo a otros dioses, y se postraron ante ellos. Se apartaron pronto del camino en que sus padres habían andado en obediencia a los mandamientos del SEÑOR; no hicieron como sus padres» (2:17), no tenían ningún líder y no quisieron escuchar a los jueces que Dios les había asignado. Como resultado, «… cada uno hacía lo que a sus ojos le parecía bien» (Jueces 17:6).

Aquellos que pertenecen a la generación emergente de hoy necesitan tener una relación personal con Dios, precisan escuchar y ver lo que Él ha hecho a través de las generaciones anteriores; deben conocer sus antecedentes y su patrimonio. Necesitan familiarizarse con los primeros líderes de sus denominaciones que dejaron huellas en el proyecto antiguo del liderazgo. ¿Quiénes fueron? ¿De dónde procedieron? ¿Hasta qué punto se sacrificaron para dar nacimiento a una denominación hispana que ha impactado al mundo con el evangelio de Jesucristo? Vamos a echar un vistazo a algunos de esos héroes, y aprender de sus enfoques para el desarrollo del liderazgo.

H. C. Ball

La historia de la formación de las Asambleas de Dios en América Latina es muy rica. Sus antecedentes se remontan a la década de 1910, cuando un joven llamado Henry C. Ball aceptó el llamado de Dios para abrir una misión hispana en Ricardo (Texas). Los esfuerzos de este hombre han sido recompensados con el nacimiento de miles de iglesias hispanas que han hecho de las Asambleas de Dios su propio hogar.

Ball nació en Brooklyn (Iowa), el 18 de febrero de 1896. A lo largo de su vida se enfrentó a muchos obstáculos, tales como enfermedades (meningitis espinal, reumatismo, problemas pulmonares) y la pérdida de su padre a los ocho años de edad. Sin embargo, Dios tenía un plan para su vida. En 1908, con el anhelo de lo mejor para su hijo, la madre de Henry, una mujer cristiana que asistía a la iglesia metodista, y su abuelo, hicieron un largo viaje en un carreta tirada por tres burros que finalmente culminó en una pequeña ciudad de Texas llamada Ricardo. Después de comprar una propiedad, esta comunidad se convirtió en el lugar donde el joven experimentaría una transformación que cambiaría su vida.[9]

El llamado de Ball al ministerio

Cuando cursaba estudios en la escuela secundaria, uno de sus profesores, que era cristiano, le llevó al Señor el 6 de noviembre de 1910. Poco después de su conversión comenzó a asistir a conferencias cristianas en las que escuchaba a un misionero de Venezuela predicar y ministrar la Palabra de Dios. Estas reuniones produjeron en él un llamado genuino a ejercer la obra misionera en la comunidad mexicana. El joven no era consciente de la enorme repercusión que tendría este ministerio. Su incorporación a una escuela no solo confirmó el llamado de Dios para su vida y su ministerio dentro de la comunidad hispana, sino que, además, preparó el terreno para el nacimiento de los nueve distritos hispanos que hoy existen dentro de las Asambleas de Dios.[10]

Este joven no poseía una experiencia ministerial previa en cuanto a ofrecer servicios en una escuela, pero su pasión por instaurar un ministerio hispano y el estímulo que le brindó un ministro metodista lo mantuvieron decidido a continuar. Solo dos personas asistieron a su primer servicio: la señora Juanita Bazán y el señor Villareal. La estructura del servicio fue muy humilde, como lo plasmó Bruce Rosdahl en su artículo *Whatever the Cost: The Formative Years of H. C. Ball, Pioneer of Hispanic Pentecostalism* [A cualquier precio: los años formativos de H. C. Ball, pionero del pentecostalismo hispano].

Ball cantó un único himno en español, leyó el Padre nuestro, cantó el mismo himno por segunda vez y luego le pidió a la señora Bazán (su nombre era Juanita)[11] que leyera unos versículos de Romanos 12. Después que leyó esta porción de la Biblia, la señora Bazán conversó durante unos treinta minutos con la otra persona que se encontraba presente. Ball no pudo entender la conversación, pero más tarde supo que la señora, aunque era una católica devota, había asistido a algunos servicios protestantes y le estaba explicando algunas de las creencias al otro hombre.[12]

El trabajo de Ball fue bendecido cuando el marido de Juanita empezó a asistir a los servicios y le entregó su vida al Señor; y así llegó a ser el primer convertido del joven pastor. En el año 1912, a la edad de dieciséis años, el joven recibió su licencia de la denominación metodista para predicar, y el 7 de noviembre de 1914, recibió el bautismo del Espíritu Santo. Poco después de esto, se unió al movimiento de Las Asambleas de Dios. El 10 de enero de 1915, a la edad de diecisiete años, fue ordenado como ministro de Las Asambleas de Dios. El arduo trabajo y la fidelidad de este hombre a Dios se ven reflejados en sus setenta y cuatro años de ministerio en Las Asambleas de Dios que siempre serán recordados.[13] Nuestro querido pionero entendió la necesidad de la literatura en español, de la educación bíblica, de la fundación de iglesias y del desarrollo del liderazgo. A través de su infinita dedicación y esfuerzos fue capaz de dejar un legado.

Publicaciones

Después de publicar sus primeros tratados en español en 1915, prosiguió a establecer la primera casa editorial evangélica de habla hispana en 1924 llamada Casa Evangélica de Publicaciones. Esta editorial logró imprimir tratados, material de escuela dominical, libros de texto y una revista llamada La Luz Apostólica e himnología. Ball era una persona cuya pasión por la música e himnos en español lo llevó a traducir muchos cantos ingleses al idioma español. Como resultado, en 1916 se publicó un himnario en castellano llamado *Himnos de gloria*, que ha llegado a todos los países de América Latina, el cual, además, se convirtió en uno de los primeros himnarios pentecostales en Estados Unidos.

Nuevas misiones

Después de su exitoso trabajo dentro de la comunidad hispana de Ricardo, Ball siguió adelante con la apertura de numerosas misiones en todo el estado de Texas que con el tiempo se convirtieron en iglesias. Una de sus estrategias efectivas de liderazgo fue adiestrar a los obreros nacionales hispanos e incorporarlos a cada una de las nuevas misiones. Las Asambleas de Dios lo designaron superintendente de las obras hispanas en 1918.

El Instituto Bíblico Latino Americano (LABI)

Con el rápido crecimiento de las iglesias emergentes en el estado de Texas, la necesidad de abrir una institución que pudiera formar a los hispanos para el ministerio y el liderazgo en el futuro era evidente. Una vez más, Ball suplió esta necesidad al establecer el primer Instituto Bíblico Hispano. En 1926, con la ayuda de su esposa, Sunshine, además de Alice Luce, se abrieron dos centros bíblicos hispanos. Con el tiempo, esta institución tomó el nombre de Instituto Bíblico Latinoamericano (LABI). Siempre estaré agradecido a este pionero que nos legó esta institución para la capacitación del liderazgo. El LABI fue mi primer campo de entrenamiento, y ahora me veo comprometido a participar en la capacitación de la G. H. E.[14]

Liderazgo

El joven que aún no podía hablar español respondió al llamado de Dios para su vida entre los hispanos. Fue pastor, editor, educador cristiano, traductor de himnos, fundador de iglesias y superintendente de obra hispana. Por último, en 1929, organizó el primer Concilio de Distritos Latinoamericanos, donde fue elegido como el primer superintendente del nuevo distrito hispano. La mejor manera de resumir el legado de H. C. Ball son las palabras escritas por Bruce Rosdahl: «Ball representa a aquellos primeros misioneros pentecostales emprendedores cuya visión y valor superaron los obstáculos que encontraron».[15]

Demetrio Bazán

Demetrio Bazán fue uno de los líderes que Ball capacitó. Fue el primer superintendente hispano dentro de las Asambleas de Dios en América Latina. Nació el 22 de diciembre de 1900, en el estado de Tamaulipas, en México.[16] Antes de su conversión, cuando era un joven adolescente, de vez en cuando visitaba la iglesia de Ball en Kingsville (Texas), no para adorar, sino simplemente para causar disturbios en la parte de afuera. Sin embargo, una noche de lluvia, mientras trataba de refugiarse, se encontró en el interior de la iglesia y escuchó la predicación de una misionera en la India llamada Alice E. Luce. El Señor lo tocó y Demetrio rindió su corazón a Dios en el mes de junio de 1917. Después de una adecuada capacitación y mentoría en el liderazgo, Bazán se convirtió en asistente de la iglesia de Ball.[17]

Después de tres años, la pasión de este hombre por el Señor y su continua fidelidad a su mentor fueron recompensadas en mayo de

1920, cuando fue ordenado ministro de las Asambleas de Dios junto con su esposa Nellie, solo unos meses después de su matrimonio.[18] Ball fue usado por Dios para establecer las Asambleas de Dios en América Latina, y su sucesor Bazán llevaría este Concilio Latino a un nuevo nivel. En 1939, diecinueve años después de su ordenación, Bazán se convirtió en el primer superintendente hispano del Concilio de Distritos Latinoamericanos. Ball, su predecesor, sirvió como superintendente desde su formación en 1929 hasta 1939.[19]

Bazán y su esposa fueron visionarios y creían en el empoderamiento de la próxima generación de líderes. Como era evangelista y fundador de iglesias, normalmente ponía una tienda de campaña y luego iba por las calles invitando a las personas a los servicios evangelísticos. Cuando se formaba un grupo de convertidos, elegían a algún joven que tuviera la pasión y el deseo de ser utilizado por el Señor y lo ponían a cargo de los nuevos convertidos hasta que llegara un nuevo pastor. Mediante el uso de este sistema, muchas iglesias se establecieron en diferentes partes de Texas. En 1932 su deseo de ver más iglesias fundadas y su dependencia incondicional en la guía del Espíritu Santo lo llevó a Colorado. Después de pastorear una iglesia próspera de 400 personas, sintió el llamado de Dios a dejar el pastorado de su iglesia y trasladarse a un lugar que ni siquiera sabía que existía. Su esposa Nelly Bazán, recordó las palabras de su esposo:

> Una tarde del mes de agosto de 1932, iba a visitar a la familia Robles por una calle solitaria. De repente sentí una impresión que yo denominaría como una visión. Me dijo: 'Irás a Denver'. Busqué por todos lados para ver si alguien me hablaba, pero no vi a nadie.[20]

La obediencia de este hombre a la voz del Espíritu Santo preparó el terreno para que se fundaran numerosas iglesias pertenecientes a Las Asambleas de Dios en Denver (Colorado).

Reorganización

Mientras Bazán ocupaba su cargo, el Distrito Latinoamericano se reorganizó de once conferencias a cuatro y los superintendentes de conferencias a tiempo completo se establecieron en sus respectivas zonas. Esta estrategia permitió una mayor evangelización y una administración más eficaz. Otra reorganización importante atribuida a Bazán fue la reubicación de las dos escuelas bíblicas. Una escuela se trasladó de Saspamco a Ysleta, en Texas, y la otra fue trasladada del este de Los Ángeles a La Puente, en California. La formación del Distrito hispano del este se debió en parte a los esfuerzos y las sugerencias de Bazán; sus esfuerzos dieron frutos en 1956, cuando se estableció el nuevo distrito. En enero de 1959, después de muchos años de arduo y sostenido trabajo, su secretario José Girón fue elegido como nuevo superintendente de las Asambleas del distrito latino. Bazán había capacitado y guiado a José Girón, quien ocupó esta posición hasta 1971.[21] Girón, que en el momento de la muerte de Bazán se había convertido en el Director del Distrito Latinoamericano del Pacífico Sur (SPLAD, por sus siglas en inglés), resume mejor el legado del liderazgo de Bazán en su panegírico:

> Hubo un hombre enviado por Dios, el cual se llamaba Juan (Juan 1:6). Los que conocemos la obra del Concilio Latinoamericano nos hemos familiarizado con el ministerio de Demetrio Bazán. Apreciamos la obra que hizo, y continuaremos diciendo que "hubo un hombre enviado de Dios,

el cual se llamaba —en este caso— Demetrio Bazán".[22]

Bazán fue un pionero, cuya vida y trabajo arduo allanó el camino para cientos de líderes hispanos que sirven en la actualidad no solo en nuestro Distrito, sino en todo el mundo.

José Girón

Girón nació en Del Norte (Colorado), en 1911. Antes de convertirse en superintendente, fue pastor de varias iglesias en Colorado, Nuevo México y California. En 1936, mientras trabajaba como presbítero de la conferencia de Nuevo México, tuvo una experiencia que casi le cuesta la vida. Después de un glorioso servicio en una iglesia en un pueblo llamado Gallina, Girón, junto con un trabajador laico llamado Miguel Sánchez, recibió tres disparos. Aunque los balazos fueron en el cuello, logró sobrevivir. Sin embargo, desafortunadamente, su compañero murió por causa de las heridas.[23] Un grupo de personas que estaban en desacuerdo con el movimiento pentecostal conspiraron contra la vida de Girón y terminaron matando a un espectador inocente.

Girón era un hombre con una evidente dedicación a la educación cristiana. Obtuvo un título en teología del Light House Bible College of Rockford [Instituto Bíblico El Faro de Rockford]. Fue la persona que llevó el Instituto Bíblico Latinoamericano a un nivel superior. Tuve el privilegio de conocerlo en persona, y cuando expresé mi deseo de estar en el ministerio, me animó a continuar mi educación en el LABI. Girón fue usado por el Señor para ver el Distrito latinoamericano subdividido en cuatro distritos más en el Concilio Distrital No. 47, que se celebró en Albuquerque (Nuevo México), en 1971. Los nombres de los nuevos distritos fueron: Distrito Latinoamericano del Golfo, Distrito Latinoamericano del Medio Oeste, Distrito Central Americano y el

Distrito Latinoamericano del Pacífico. Girón se dedicó a redactar las constituciones de cada distrito y sirvió como superintendente del Distrito Latinoamericano del Pacífico Sur (SPLAD).[24]

Esta breve historia de los fundadores de estos movimientos sirve como un recordatorio de que el desarrollo del liderazgo ha cosechado y continuará cosechando más líderes y miembros en los años venideros. El trabajo no es fácil, sin embargo, es gratificante. Los sacrificios hechos por ellos prepararon el camino para una denominación hispana próspera y para grandes líderes dentro del movimiento de las Asambleas de Dios hispanas.

En el siguiente capítulo vamos a revisar el desarrollo de un Distrito Latinoamericano dentro de las Asambleas de Dios hispanas, llamado Distrito Latinoamericano del Pacífico Sur (SPLAD).

PREGUNTAS DE ESTUDIO

1. ¿Cuántos seguidores de Asambleas de Dios son de un origen hispano, según su informe de 2014?
2. ¿Cuántos años tenía H. C. Ball cuando recibió su licencia para predicar, y cuándo se unió al movimiento de las Asambleas de Dios?
3. ¿Quién fue el primer superintendente hispano dentro de las Asambleas de Dios en América Latina?

PREGUNTA DE DIÁLOGO PARA GRUPOS

En este capítulo, hemos descrito la historia de dos líderes claves detrás de las Asambleas de Dios en América Latina. ¿Puede identificar los principales líderes que allanaron el camino para la formación de su denominación?

Capítulo 6

LA FORMACIÓN DEL DISTRITO LATINOAMERICANO DEL PACÍFICO NORTE (NPLAD)

Aunque el movimiento pentecostal hispano se remonta al siglo xx, el trabajo misionero dentro de las iglesias protestantes hispanas en el suroeste ha existido desde la década de 1820. Las iglesias protestantes tradicionales, tales como los presbiterianos, metodistas y bautistas han jugado un papel importante en la obra misionera.[1] Los primeros esfuerzos realizados por los protestantes hispanos para establecerse como una sociedad misionera con sede en California datan de 1897. Clifton Holland, en su obra *The Religious Dimension in Hispanic Los Angeles* [La dimensión religiosa en Los Ángeles hispanos], escribe sobre los orígenes protestantes hispanos en California del sur:

> Uno de los primeros esfuerzos protestantes que se conocen para establecer un ministerio organizado entre la comunidad de habla hispana en California del sur fue la creación de la Sociedad Misionera

de California. Esta sociedad interdenominacional se organizó en 1897 a través de la visión y la determinación de Alden B. Case de Pomona. Case se convirtió en el primer «misionero general» de la sociedad y escribió un folleto en junio de 1897, titulado *Obra extranjera en el país para nuestro prójimo hispano*, donde él y sus seguidores manifestaron sus intenciones de desarrollar la obra evangelista entre la población hispana.[2]

El primer predicador que salió de la Misión de la Fe Apostólica en Los Ángeles fue Juan Navarro.[3] El fundador de esta iglesia fue William Seymour, que fue discípulo de Charles Parham. Poco después de ser bautizado en el Espíritu Santo, Seymour pasó a dirigir una manifestación sin precedentes del Espíritu Santo llamada «El avivamiento de la Calle Azusa». Muchos hispanos que asistieron a este avivamiento, que tuvo lugar durante la década de 1900, le entregaron sus corazones al Señor y también fueron bautizados. Bartleman, en su libro *Azusa Street* [La calle Azusa], afirma que este evento

> «provocó la renovación de los pentecostales alrededor del mundo en el siglo xx. A partir de este único avivamiento surgió un movimiento que hacia 1980 contaba con más de 50.000.000 de pentecostales clásicos en innumerables iglesias y misiones en prácticamente todos los países del mundo».[4]

Francisco Olazaval fue otro predicador que ministró en la región sur de Estados Unidos. Olazaval fue pastor en California a principios de los años 1900. Fue bautizado en el Espíritu Santo en

Oakland (California), y jugó un papel vital en las primeras etapas del pentecostalismo hispano.[5]

HISTORIA DE LA FORMACIÓN DEL DISTRITO

El Distrito Latinoamericano del Pacífico Sur (SPLAD, por sus siglas en inglés; el primer distrito hispano de las Asambleas de Dios en California) se formó en 1971 en el Concilio Distrital No. 47, que se celebró en Albuquerque (Nuevo México). El primer superintendente fue Girón, y recibió dieciocho iglesias con una membresía aproximada de 1080 personas. Sus primeras oficinas estaban ubicadas en La Habra (California). Más tarde se reubicaron en La Puente (California), hasta el presente. Durante el tiempo que Girón se desempeñó como superintendente del SPLAD, el distrito continuó su crecimiento. Desde entonces, el SPLAD ha dado nacimiento a dos distritos más. Después de su retiro, uno de sus alumnos y secretario llamado Jesse Miranda se convirtió en el nuevo superintendente del SPLAD.

Jesse Miranda

Jesse Miranda nació en Albuquerque (Nuevo México). Se crió en un barrio pobre entre la chatarra de automóviles, la marihuana y las pandillas. Su padre trabajaba en un aserradero del estado mexicano de Chihuahua, y su madre era de origen español con un nivel escolar de tercer grado. A la edad de 21 años Miranda salió de Nuevo México y se embarcó en un viaje a California que resultaría ser todo un éxito. Ha recibido varios títulos, que incluyen el grado de Doctor en Ministerio del Seminario Teológico Fuller. Su conocimiento y experiencia sobre la cultura hispana se han compartido en los dos libros que ha escrito: *The Christian Church in Ministry* [La iglesia cristiana en el ministerio] (traducido a diez idiomas) y *Liderazgo y amistad*. Actualmente se desempeña como

Presbítero ejecutivo en el Concilio General de las Asambleas de Dios, además de ser el primer latino en formar parte de la junta nacional. También es el director del Jesse Miranda Center for Hispanic Leadership [Centro Jesse Miranda para el Liderazgo Hispano].

Mentor y educador

Miranda fundó el Latin American Theological Seminary [Seminario Teológico Latino Americano] a mediados de la década de 1970. Su propósito principal era facilitar y animar a los ministros y líderes hispanos que habían completado su primer nivel de enseñanza bíblica para que continuaran sus estudios en teología. Los ministros y líderes que asisten a esta institución pueden obtener su licenciatura en teología.

Vicedecano de la facultad de teología de Haggard en la Azusa Pacific University

Miranda se asoció con la Azusa Pacific University (APU) en un programa que permitió a los líderes hispanos obtener becas para cursar estudios teológicos. Gracias a esta iniciativa, muchos líderes hispanos han obtenido su título de máster. En calidad de beneficiario de este programa, me gustaría agradecer a Miranda y a la APU por facilitarme la obtención final de mi título de doctor.

Centro Jesse Miranda para el Liderazgo Hispano en la Vanguard University

Este es un centro dedicado al desarrollo del liderazgo y a empoderar a los ministerios para el servicio dentro de sus propias comunidades. A través de los esfuerzos del ministerio del distrito y bajo la dirección de Miranda se construyeron el primer edificio de oficinas, apartamentos para los ministros jubilados y los dormitorios del LABI.

Mega iglesias hispanas en SPLAD

Uno de los líderes y educadores de SPLAD, Víctor De León, escribió un libro magnífico en 1979 llamado *The Silent pentecostals: A Biographical History of the Pentecostal Movement among Hispanics in the Twentieth Century* [Los pentecostales silenciosos: una historia biográfica del Movimiento Pentecostal entre los hispanos durante el siglo xx]. En la última sección de su libro, De León hizo una predicción que describe muy bien el maravilloso crecimiento que las Asambleas de Dios latinoamericanas han experimentado. Él afirmó:

> Si la venida de Jesús por Su iglesia aún tardara, muchos cambios tendrán lugar entre las iglesias del distrito latinoamericano. Algunas de las iglesias hispanas de clase media se trasladarán hacia los distritos angloamericanos. Las Asambleas de Dios latinoamericanas continuarán creciendo en membresía en las zonas donde se encuentran los segmentos más amplios de la población de habla hispana. Mientras continúe la afluencia de personas hispanas hacia Estados Unidos desde América Central y del Sur, México y el Caribe, los distritos latinos seguirán existiendo. El Concilio General analizará más claramente cómo se relacionan con estos distritos cuyo liderazgo pasará de los *hombres de la segunda y tercera generación a algunos inmigrantes* provenientes de otros países de América Latina [énfasis añadido].[6]

Víctor De León estaba en lo cierto. El informe de 2014 de Las Asambleas de Dios enumera sus 100 iglesias más grandes precisamente en Estados Unidos. Cabe destacar que, de las 12.849 iglesias, la primera y la quinta posición pertenecen a iglesias hispanas dentro de los distritos hispanos. La New Life Covenant [Pacto Nueva Vida] en Chicago (Pastor Rev. Wilfredo de Jesús) ocupa el **primer lugar** con una membresía de 14.620 personas, y el Templo Calvario en Santa Ana en California (Pastor Rev. Daniel de León), ocupa el **quinto lugar** con 9885 miembros. También hay que resaltar la Iglesia Cristiana Misericordia (Pastor Rev. Gilberto Vélez), en Laredo (Texas), que ocupa el número treinta con 3500 miembros; Iglesia El Calvario, de Orlando (Pastor Dr. Nino González), que ocupa el número treinta y uno con 3500 miembros; y la Ebenezer Family Church, en Carson, California (Pastor Dr. Isaac Canales), que es la número cuarenta y uno, y cuenta con 3000 miembros.[7]

Lo que me parece importante de estas estadísticas es el hecho de que la mayoría de los líderes de las mayores iglesias Asambleas de Dios son parte de la segunda y la tercera generación de líderes hispanos (**dos de estas iglesias son parte de lo que antes era el SPLAD**). Permítame compartir mis experiencias con algunos de estos líderes.

El año pasado visité la iglesia del doctor Isaac Canales, Mission Ebenezer Family Church. Este ministro es un líder de la segunda generación y mi amigo personal, que recibió su Máster en Divinidad en la Harvard Divinity School (promoción de 1978). El doctor Canales fue profesor asistente de Nuevo Testamento y Director del Departamento de Ministerios Hispanos en el Seminario Teológico Fuller. También se desempeñó como Presidente del histórico Instituto Bíblico Latinoamericano (LABI), el primer instituto pentecostal hispano en el hemisferio occidental (fundado en 1926).

Tuve la bendición de ver cómo el Señor le ha dado gran sabiduría y la visión para hacer crecer una iglesia de una pequeña congregación hispana de quince personas (en 1983) a una de más de tres mil miembros. Compró un complejo por un valor de alrededor de los quince millones de dólares en Torrance (California). Su iglesia sirve a la comunidad con múltiples servicios en español e inglés, dirigidos no solo a la primera, segunda y tercera generación de hispanos, sino también a los anglosajones, a los afroamericanos y a los asiáticos, por citar solo algunos.

El reverendo Daniel de León es pastor del Templo Calvario en Santa Ana, otro ejemplo de una congregación explosiva que nació hace ochenta años. Mi amigo De León ha sido el guía y pastor de esta iglesia desde 1976; es un líder que cree en el desarrollo del liderazgo. En mis primeros años en el ministerio asistí a sus seminarios de liderazgo, los cuales me motivaron a soñar en grande y a dedicarme al crecimiento de la iglesia.

EL NACIMIENTO DEL DISTRITO LATINOAMERICANO DEL PACÍFICO NORTE (NPLAD)

En 1998, bajo la dirección de Samuel Sánchez como superintendente de SPLAD, el Distrito Latinoamericano del Pacífico Norte (NPLAD, por sus siglas en inglés), nació en el Concilio de Distritos celebrado en Sacramento (California). El NPLAD es un distrito pentecostal hispano que cubre dos estados: la parte norte de California y Nevada. Su primer superintendente elegido fue el reverendo Félix Posos, quien era un hombre visionario con una gran pasión por el Señor y por las generaciones emergentes. Posos era graduado del Seminario Teológico Fuller, donde recibió su Maestría en Divinidad. Desde el momento en que asumió el cargo hasta el día en que partió con el Señor, su sueño fue que el NPLAD cosechara más líderes, iglesias y misiones.

Fue durante su tiempo en el cargo que el distrito compró un edificio en Sacramento (California), donde ahora se encuentran las oficinas principales. El NPLAD existe desde hace casi más de diecisiete años. El segundo superintendente elegido fue el reverendo Lee Baca; el tercero, el reverendo Roger Ovalle y el superintendente actual, electo en 2014, es el reverendo Jesse Galindo, un superintendente hispano de segunda generación. El asistente del superintendente es el doctor Raúl Sánchez, que pertenece a la generación hispana 1.5. El Secretario Tesorero es el doctor Nick Garza, de la segunda generación hispana.

Demografía

El Distrito Latinoamericano del Pacífico Norte se subdivide en cuatro regiones y catorce secciones dentro de los estados del norte de California y Nevada. La región uno se encuentra en Sacramento, Stockton, North Central y Nevada; la región dos se localiza en San Francisco, East Bay, Tri-County y North Coastal; la región tres está situada en San José y Salinas; y la región cuatro se encuentra en Fresno, Tulare, San Joaquin y Bakersfield.[8] De acuerdo con el informe de estadísticas demográficas de las Asambleas de Dios estadounidenses en el 2014, el NPLAD posee actualmente 270 ministros con credenciales, 172 iglesias y misiones, y aproximadamente 21.640 seguidores, y la edad media de los ministros es 58 años de edad.[9] La población hispana dentro de California y Nevada es de más de 14.000.000 de personas.[10]

Ministros por edad

Hay tres niveles de credenciales: certificados, licenciados y ordenados. De los 270 ministros, la edad media de los ministros ordenados es de 60 años; la de los ministros con licencia es de 59 años; y la de los ministros certificados es de 51 años. La edad media de todos los ministros es de 58 años.[11] La figura 4 muestra que la mayoría de los ministros de NPLAD se encuentran entre los 51–60 años.

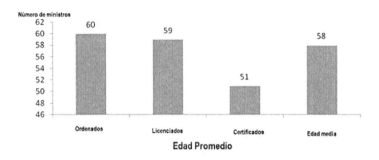

Fig. 4. Promedio de edades de los ministros del NPLAD.

Generaciones hispanas

El ministerio de liderazgo del NPLAD está compuesto aproximadamente por cuatro «generaciones» hispanas. La «primera generación» se compone de los primeros latinos que emigraron a Estados Unidos. La «generación 1.5» son los latinos que no nacieron en los Estados Unidos, sino que vinieron al país a una edad temprana. La «segunda generación» es la de los hispanos nacidos en los Estados Unidos y la «tercera generación» es la generación emergente. Aunque las estadísticas no son exactas, aproximadamente el 50% de nuestros ministros y pastores con credenciales pertenecen a la primera generación de hispanos; el 10%, a la generación 1.5; el 30%, a la segunda generación, y el 10%, a la tercera generación. La Figura 5 muestra que la primera generación tiene el mayor porcentaje de ministros con credenciales.

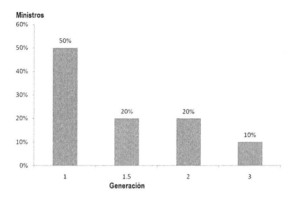

Fig. 5. Ministros del NPLAD, distribución por generaciones.

Forma de gobierno

El distrito tiene tres funcionarios ejecutivos: el superintendente general, el superintendente asistente y el secretario tesorero. Dos presbíteros generales representan al distrito NPLAD ante el Concilio General de Las Asambleas de Dios. Cada región es gobernada por un presbítero ejecutivo y se subdivide en catorce secciones. Además de esto, cada una de las secciones tiene un presbítero del área. Hay una constitución que gobierna el distrito en todos sus asuntos y sesiones de trabajo.

Doctrina

El NPLAD ha adoptado la Declaración de Verdades Fundamentales de las Asambleas de Dios (16 fundamentos de la verdad) como la base de su doctrina distintiva. En 1916 las Asambleas de Dios adoptaron 16 doctrinas como «normas para alcanzar, predicar y enseñar a sus miembros». Las Asambleas de Dios han adoptado cuatro de estas verdades como las «cuatro creencias fundamentales» que son: la Salvación, el Bautismo en el Espíritu, la Sanidad Divina y la Segunda Venida de Cristo.

Filosofía del ministerio

Su principal objetivo y misión es «ministrar a Dios a través de la adoración; ministrar a los perdidos a través de la evangelización; y ministrar al cuerpo de Cristo a través de la comunión». Estos objetivos se encuentran en su carta constitucional, que expresa:

> El objetivo específico de esta corporación es propagar el Evangelio de Jesucristo, según la Biblia, con las costumbres y tradiciones del Cristianismo Pentecostal Evangélico como iglesia y como convención de iglesias, y como una agencia administrativa de una división constituyente que se subordina al Concilio General de las Asambleas de Dios, una Corporación sin fines de lucro de Missouri.

MINISTERIO AL SEÑOR A TRAVÉS DE LA ADORACIÓN:

Es el propósito y la misión de este Concilio Distrital establecer y mantener lugares de adoración al Dios omnipotente, nuestro Padre, y al Señor Jesucristo, Su único Hijo, por medio del Espíritu Santo, para hacer negocios como iglesia y como convención de iglesias.

MINISTERIO A LOS PERDIDOS POR MEDIO DE LA EVANGELIZACIÓN:

Es el propósito y la misión de este Concilio Distrital, a través de la obra de evangelización, bajo la dirección de las Sagradas Escrituras, buscar y salvar a los perdidos, tanto en nuestra región como en regiones extranjeras, en obediencia al mandato del Señor Jesucristo, y en armonía con la enseñanza y la práctica de Sus siervos, los Apóstoles.

MINISTERIO AL CUERPO DE CRISTO A TRAVÉS DE LA COMUNIÓN:

Es el propósito y la misión de este Concilio Distrital edificar un cuerpo de creyentes a la imagen de Su Hijo mediante la promoción de la comunión con nuestro Dios Todopoderoso y entre los creyentes, individuos y grupos, dentro de nuestras iglesias y en nuestra comunidad de iglesias más amplia.[12]

Ministerios departamentales

El distrito tiene el compromiso de servir y ministrar a toda la membresía y a la comunidad. Para lograrlo, cuenta con seis ministerios operativos: (a) Educación cristiana que proporciona asistencia y capacitación a los maestros de escuela dominical; (b) El ministerio de Exploradores del Rey para los niños de cinco años en adelante; (c) El ministerio de las niñas para las niñas de cinco años en adelante; (d) El ministerio de jóvenes para los adolescentes, jóvenes adultos y adultos solteros; (e) El ministerio de mujeres encargado de ministrar a todas las mujeres del distrito; y (f) El ministerio de hombres que se centra en todos los hombres de nuestro distrito.

DESAFÍOS DEL SIGLO XXI

Dios ha bendecido al NPLAD con un liderazgo que ama al Señor y un cuerpo de ministros que están dispuestos a enfrentar los desafíos en torno a sus iglesias y sus miembros. Aunque nuestro distrito enfrenta varios retos, me gustaría hablar de cinco en particular.

Evangelismo y nuevas misiones

Hay estados y regiones que necesitan la evangelización. El estado de Alaska (recientemente asignado a un nuevo distrito) es una tierra espiritual fértil que aún no se ha desarrollado; no hay iglesias en esta área. En mi entrevista con el superintendente asistente, el doctor Raúl Sánchez, que está a cargo de las misiones, él me expresó la necesidad de más laicos y ministros dispuestos a responder al llamado a evangelizar y establecer nuevas misiones en estos territorios.[13]

Pastores a tiempo parcial

No todas las iglesias, y sobre todo las misiones, tienen un pastor a tiempo completo. Parte de la razón de esta situación es el hecho de que las iglesias pequeñas (veinte miembros o más) y las misiones (menos de veinte miembros) simplemente no pueden permitirse el lujo de contratar a un pastor a tiempo completo. Los pastores se ven obligados a tener un trabajo a tiempo completo o parcial con el fin de ganarse la vida mientras pastorean sus respectivas iglesias o misiones. Cuando esto sucede, la energía, la eficacia y el tiempo que se le dedica a la iglesia se ve afectado.

Templos

Hay varias iglesias en nuestras regiones cuyos lugares de servicio no son propiedad de sus respectivas congregaciones. A menudo se ven obligados a ocupar un almacén o un edificio comercial que no tiene las condiciones adecuadas. Como resultado, los pastores y sus congregaciones se encuentran a menudo sin suficientes recursos financieros para adaptarse a los requisitos de la ciudad. Esta situación se está convirtiendo en un factor vital para el éxodo de las generaciones emergentes; que aunque aman su patrimonio y su pueblo, prefieren asistir a las congregaciones angloamericanas cuyas instalaciones son más adecuadas y poseen una alta tecnología.

Por otro lado, hay iglesias que buscan una propiedad para comprarla y cuando la encuentran, las instituciones de crédito hacen que sea casi imposible financiar el préstamo. También tenemos algunas iglesias que han hecho enormes sacrificios para adquirir una propiedad; sin embargo, debido a la economía, se encuentran en grandes dificultades para mantenerse al día con los pagos de la hipoteca. Cuando estas dos situaciones ocurren, los pastores y sus congregaciones buscan ayuda en la oficina del distrito. Desafortunadamente, debido a la falta de recursos financieros, el distrito se encuentra con situaciones bastante difíciles en su esfuerzo de concederles su solicitud de ayuda financiera. Las Asambleas de Dios tienen instituciones de crédito que ofrecen préstamos a sus congregaciones. Las iglesias hispanas que califican son bienvenidas para hacer la solicitud. Un buen número de iglesias hispanas ya se han beneficiado de este programa. Pero las iglesias que no califican se encuentran en una situación extremadamente difícil, aunque no imposible de superar.

Estatus migratorio

Algunos miembros de la primera y la segunda generación de hispanos que asisten a nuestras iglesias aún tienen que legalizar su estado migratorio en Estados Unidos. Tenemos un grupo de ministros y líderes potenciales que no pueden obtener credenciales ministeriales debido a su estado legal. Como expastor de una de las congregaciones que enfrenta este problema, puedo dar fe de la tristeza que se experimenta al ver a futuros líderes o ministros ser deportados a sus países y obligados a dejar atrás a sus familias y ministerio. Para empeorar las cosas, a veces, el pastor y la congregación tienen que brindar apoyo, consuelo y ayuda a familias que se han quedado atrás, y que ahora sufren la separación de sus padres o cónyuges debido a la deportación.

Desarrollo del liderazgo para la Generación Emergente

Este desafío es quizás uno de los más grandes que enfrenta nuestro distrito. La generación emergente está creciendo por miles. La capacitación intencional es muy necesaria para producir futuros líderes. La sección siguiente y final de este libro se centrará en esta cuestión de vital importancia, la cual incluye el problema del idioma inglés.

RESUMEN

En la Parte C de este libro, hemos dado un breve vistazo a la historia de las Asambleas de Dios latinoamericanas. También hemos proporcionado una visión general de la formación de nuestro NPLAD, su estructura, demografía, filosofía de ministerio y desafíos. El lector pudiera preguntarse: ¿por qué es necesario hacer una breve historia del NPLAD? Modestamente creo que de la misma manera que el Señor instruyó a Moisés y a Josué a repetir la historia de su viaje milagroso de Egipto a la tierra prometida (Deuteronomio 4:9-10), esta servirá también para que nuestras próximas generaciones de líderes se familiaricen con sus raíces, entiendan mejor de dónde venimos, aprecien los esfuerzos realizados por las generaciones anteriores, y lean sobre las maravillas que Dios ha hecho a favor del movimiento de las Asambleas de Dios hispanas.

La Parte D se centra en la praxis para el desarrollo del liderazgo eficaz dentro de las generación emergente. Se prestará especial atención a cinco áreas principales que abarcan este esfuerzo, las cuales son: (a) la formación espiritual, (b) discipulado, (c) programas de mentoría, (d) alcance del liderazgo emigratorio y (e) la necesidad de un centro hispano capaz de preparar a las próximas generaciones de líderes hispanos.

PREGUNTAS DE ESTUDIO

1. ¿Dónde y cuándo nació el Distrito Latinoamericano del Pacífico Norte (NPLAD)?
2. El ministerio de liderazgo del NPLAD está compuesto aproximadamente por cuatro «generaciones» hispanas. ¿Puede nombrar las cuatro generaciones?
3. ¿Cuál es la edad media de todos los ministros entre las edades de 51-60?
4. ¿Cuál es el porcentaje de Ministros del NPLAD perteneciente a la generación tercera o emergente?

PREGUNTA DE DIÁLOGO PARA GRUPOS

Cada denominación tiene sus desafíos y NPLAD no es diferente que otras denominaciones. Identificar los retos del siglo XXI dentro de su denominación.

PROYECTO

Cada denominación hispana tiene su propia historia y orígenes humildes; escribir la historia de cada una de ellas es una tarea importante en la cual todo el mundo debe participar. Asignar a un grupo de estudiantes o personas para que hagan una investigación correspondiente a los inicios de su respectiva denominación.

Parte D.

ENFOQUES AL LIDERAZGO

Aunque algunos de los últimos enfoques al liderazgo ya no son aplicables en nuestro entorno actual, creo que los principios dados por nuestros pioneros se han convertido en la piedra angular para el éxito de muchos líderes y denominaciones. Según mi observación, hay por lo menos cinco áreas del liderazgo que necesitan nuevos enfoques, las cuales son: **desarrollo del liderazgo, formación espiritual, discipulado, alcance intergeneracional y mentoría, que incluye la educación teológica.** Existe una brecha generacional entre la primera generación y la generación emergente. Esta brecha no proviene solamente de la diferencia de edad, sino que también se debe en parte a la dinámica, la aculturación y las diferencias generacionales entre sus respectivas generaciones. Evidentemente, se necesitan nuevos enfoques con el fin de cerrar esta brecha.

Los siguientes capítulos cubren los cinco enfoques de la siguiente manera: Capítulo 7, un ejemplo de desarrollo del liderazgo tomado de mi experiencia personal de vida; Capítulo 8, formación espiritual con un contexto de G. H. E. en mente; Capítulo 9, un discipulado que es intencional, relacional, relevante y basado en la experiencia; Capítulo 10, evangelismo eficaz que no solo tiene en cuenta a los nuevos convertidos, sino también está dirigido hacia grupos intergeneracionales y emigratorios; Capítulo 11, un programa de mentoría; que incluye un centro hispano de educación teológica para el desarrollo del liderazgo que va a preparar a nuestros futuros líderes. Creo que estos enfoques también podrían allanar el camino para una cosecha saludable de liderazgo entre la próxima generación hispana; un liderazgo que podría cerrar la brecha generacional existente y producir un nuevo liderazgo en los próximos años.

Como recordatorio para el lector de este libro, mi intención al presentar estos enfoques no es cambiar los planos que hemos recibido de nuestras generaciones anteriores de líderes hispanos. Por el contrario, la intención es sugerir cambios que puedan satisfacer mejor las necesidades de la G. H. E.

Capítulo 7

DESARROLLO DEL LIDERAZGO

El desarrollo del liderazgo funciona: es una herramienta de vital importancia que, cuando se utiliza correctamente, puede producir una cosecha abundante de nuevos ministros y líderes en el reino de Dios. La palabra griega que se usa para líder o para guiar es ὁδηγός *hodégos*, que significa 'líder o guía', pero también 'dirigir, mostrar el camino, e instruir'. Los líderes no solo tienen la responsabilidad de dirigir, sino también de desarrollar líderes dentro de los laicos. La necesidad de más ministros, líderes y misiones dentro de nuestras denominaciones hispanas es sin duda evidente. Si la predicción sobre la población hispana para el año 2060 es exacta, la cual sería un estimado de 119.000.000 de hispanos; entonces enfrentaremos una escasez de líderes en los próximos años. Por lo tanto, la falta de atención apropiada y rápida a este desafío en particular implica el peligro de perder a la próxima generación de líderes hispanos en nuestras denominaciones. A su vez, esto podría ser perjudicial e ineficaz, ya que puede dificultar en gran medida el futuro de nuestras iglesias hispanas. Una de las respuestas a estos retos es la preparación de un desarrollo sistemático e intencional del liderazgo. El objetivo de este esfuerzo debe ser preparar a la próxima generación de líderes. Todo el mundo debe participar en este esfuerzo, los directivos de la denominación, los pastores, los líderes laicos y los que pertenecen a la generación emergente.

MI PADRE, UN EJEMPLO DE DESARROLLO DEL LIDERAZGO

Mi padre, Matías Morales, fue evangelista, pastor, misionero y líder de las Asambleas de Dios por más de setenta años. Su primer encargo pastoral fue Las Lisas (Guatemala), en 1940; su pasión era plantar nuevas misiones y desarrollar nuevos líderes. En su país natal abrió por lo menos cuarenta misiones; estas misiones se convirtieron en iglesias que han dado nacimiento a cientos de nuevas misiones e iglesias. Lo que me parece digno de destacar en su ministerio es el hecho de que por cada misión que abrió, tenía un líder listo para hacerse cargo de la nueva iglesia hija. Él no era egoísta; su placer era llevar el evangelio a lugares donde no había ninguna iglesia evangélica y desarrollar nuevos líderes. Algunos de los líderes bajo su ministerio se convirtieron en superintendentes de las Asambleas de Dios en Guatemala.

Mi padre era un líder audaz; que nunca tuvo miedo de dar su propia vida por causa del evangelio. Mi madre, al igual que mis hermanos y hermanas mayores, fue testigo de muchos ataques contra su vida por parte de personas que odiaban el evangelio; sin embargo, él nunca desistió. Él siguió predicando hasta que no tuvo más aire en sus pulmones.

A principios de la década de 1970, y después de servir como pastor y misionero por más de siete años en Tegucigalpa (Honduras), él vino a Estados Unidos y abrió dos misiones más. Una de ellas se llama El Sinaí, situada en Harbor City (California), actualmente pastoreada por mi hermana, la Rev. Reyna Morales. Papá fue un gran líder, y mi madre, Silveria, que le gustaba trabajar con los ministerios de mujeres, también lo fue. Ellos son mis héroes, y fueron expertos en el desarrollo del liderazgo.

MI CAPACITACIÓN EN EL DESARROLLO DEL LIDERAZGO

Nací en la iglesia; sí, mi llegada a este mundo tuvo lugar en la casa pastoral de la iglesia. Yo no llegué al hospital. Crecí en la iglesia; Papá fue el primer predicador que escuché y al primer líder que seguí. Mis primeros pasos en el ministerio, así como mi desarrollo en el liderazgo, los di bajo su supervisión y mentoría. Estoy orgulloso de decir que soy el fruto del desarrollo del liderazgo de papá. Durante mis años más jóvenes en el ministerio, yo fui su copastor en una de las misiones que él plantó en Harbor City (California), y fui líder de jóvenes en otra misión que plantó en Echo Park, también en California, en la iglesia anglo cuyo nombre era Bethel Temple. Papá nunca tuvo temor de derramar su conocimiento, la sabiduría dada por Dios y su experiencia sobre sus hijos. Como resultado, somos siete hermanos y hermanas involucrados en el liderazgo; seis de nosotros trabajamos a tiempo completo en el ministerio y uno es líder en una iglesia local en California.

Mi padre no fue solo un líder, sino un líder efectivo. Como seguidor suyo, yo tenía confianza en él. Papá no solo era mi líder, sin más que eso, era mi amigo. Tuvimos una magnífica relación hasta el día que partió al cielo. Uno de mis mentores y amigo de mi papá y mío, Jesse Miranda, describe mejor el tipo de legado en el liderazgo de mi padre, cuando en su libro *Liderazgo y amistad*, propone que un líder debe ser «un amigo principal que vive con integridad en sociedad, practicando la intimidad con sus seguidores como Jesús lo hizo».[1] Una vez más, él define el verdadero liderazgo como aquel que incluye amistad: «la identificación del líder con la gente es amistad».[2]

Como líder hispano (generación 1.5), he estado trabajando en diferentes posiciones de liderazgo entre nuestros distritos hispanos. Antes de recibir mis primeras credenciales con las Asambleas de Dios en 1985, viajé por todo el país como evangelista, predicando y enseñando en muchas iglesias hispanas. Serví como presidente de la asociación evangelística del SPLAD en la década de 1980, y desde 1999 hasta 2012 trabajé para la NPLAD como pastor, líder, presbítero local y presbítero ejecutivo. Yo fui el pastor principal de una iglesia bilingüe llamada Centro de Adoración Nuevo Amanecer / New Dawn Worship Center en Fremont (California) durante más de 15 años. Baste decir que, como resultado de mi asistencia a numerosos encuentros de liderazgo y a sesiones de distritos hispanos, durante mis visitas a varias iglesias y por medio de conversaciones con los líderes de diferentes denominaciones hispanas, conocí de cerca la necesidad de desarrollar el liderazgo entre la próxima generación. Lo que sigue es una recopilación de mis estudios sobre liderazgo, formados a partir de una investigación continua sobre este tema, y también a la luz de mis experiencias personales en todos estos distritos hispanos.

PREGUNTAS DE ESTUDIO

1. ¿Cuántas misiones abrió Matías Morales en Guatemala?
2. ¿Qué es lo digno de destacar de Matías Morales con respecto a su ministerio y las misiones?
3. ¿A qué generación pertenece el autor de este libro?

Capítulo 8

FORMACIÓN ESPIRITUAL

«Hijos míos, por quienes de nuevo sufro dolores
de parto hasta que Cristo sea formado en vosotros»
(Gálatas 4:19).

Pablo entendió la importancia de la formación espiritual. En el capítulo 4, versículo 19 de su carta a los Gálatas, él les recordó su relación con Cristo. La ilustración utilizada en este pasaje es única, ya que se refirió a una madre que experimenta dolores de parto. Pablo alude al hecho de que un bebé formado en el interior del útero de la madre tiene la semejanza de los padres cuando él o ella nace. De la misma manera, el deseo de Pablo por los gálatas es que Cristo sea formado en ellos; para que con el tiempo sean como Cristo. El verbo usado por Pablo en esta escritura es μορφόω *morfoó*, y significa 'ser formado, en la misma naturaleza, en su contexto, ser como Cristo'.[1] Otra palabra griega relacionada con la formación espiritual es μόρφωσις *morfósis*, que significa 'encarnación, rasgos esenciales, forma o apariencia'.[2]

¿Qué es exactamente la formación espiritual? La formación espiritual es el medio por el cual podemos ser como Cristo. En mi caminar personal con Cristo, me he dado cuenta de que tengo que permitir que Cristo sea formado en mi vida. Permítame dar mi definición personal de formación espiritual: la formación espiritual es un proceso mediante el cual un seguidor de Jesucristo emprende una travesía espiritual, y permite que Cristo sea formado en su vida, lo cual, con el tiempo, da como resultado una intimidad profunda y estrecha con el Señor.

Uno de los objetivos de la formación espiritual es la transformación de la propia vida para reflejar nuestro caminar cristiano con Cristo. En su obra, Clinton se refiere a la formación espiritual como el agente que nos ayuda a ser como Cristo y a experimentar la presencia de Dios, que con el tiempo nos empodera para el ministerio. Él plantea:

> La formación espiritual se refiere al desarrollo de la vida interior de una persona de Dios, de modo que la persona experimenta más de la vida de Cristo, refleja más características como las de Cristo en su personalidad y en las relaciones cotidianas, y conoce cada vez más el poder y la presencia de Cristo en el ministerio.[3]

El enfoque al desarrollo de la formación espiritual debe incluir una comprensión clara de que tal procedimiento es un proceso, no un acontecimiento. En otras palabras, no es algo que sucede de la noche a la mañana; más bien, es una expedición intencional que debe culminar en una relación íntima con Cristo. La formación espiritual abarca: el desarrollo del carácter; una comprensión clara de la esencia de la verdadera adoración cristiana (Juan 4:23); un discipulado intencional; y un estudio sistemático de la palabra de Dios.

Me gustaría tomarme la libertad para acentuar la necesidad a mis compañeros pentecostales de no confundir una formación espiritual automática con el bautismo del Espíritu Santo o con los dones espirituales mencionados por Pablo en sus epístolas (1 Cor. 12; Ef. 4; Rom. 12). Aunque la operación de estos dones puede servir como un catalizador para la formación espiritual, estos no se deben confundir con la necesidad de involucrarse en una relación personal e íntima con el Señor, con el objetivo de llegar a ser como Cristo. Los dones espirituales son importantes para el ministerio; y deberían ser la consecuencia de una vida que está totalmente sometida a Cristo. Sin embargo, el objetivo final tiene que ser permitir que Cristo sea formado en nosotros. De la misma manera, la espiritualidad cristiana es el reflejo de nuestra formación espiritual; y procura una vida que experimenta unidad con Cristo y que se expresa por la forma en que adoramos. Uno de los objetivos de la espiritualidad cristiana es que debemos buscar una relación más profunda con Dios. Alister E. McGrath, en su libro *Christian Spirituality* [Espiritualidad cristiana] define la espiritualidad cristiana de la siguiente manera:

> La espiritualidad es la manifestación exterior en la vida real de la fe religiosa de una persona; lo que una persona hace con lo que cree. No se trata solo de ideas, aunque las ideas básicas de la fe cristiana son importantes para la espiritualidad cristiana. Se trata de la forma en que la fe cristiana es importante para la espiritualidad cristiana. Se trata de la comprensión plena de la realidad de Dios. Podríamos resumir gran parte de esto al decir que la espiritualidad cristiana es la reflexión sobre toda la empresa cristiana de lograr y mantener una relación con Dios, que incluye tanto la adoración pública como la devoción privada, y los resultados de estas en la vida cristiana real.[4]

Estoy de acuerdo con la definición de McGrath sobre la espiritualidad cristiana. Es imposible lograr una relación íntima con Cristo sin una verdadera adoración y sin una vida consagrada al Señor. La formación espiritual tiene lugar cuando permitimos que el Espíritu Santo obre en nuestras vidas como Él sabe hacerlo. Permitir que el Espíritu Santo y Su Palabra nos guíen, nos enseñen, y nos posean tendrá como resultado nuestra transformación a la imagen de Cristo. Es a través del Espíritu Santo que nuestros cuerpos mortales reciben vida; por lo tanto, ya no vivimos conforme a la carne, más bien, conforme al Espíritu (Romanos 8:10-13). La formación espiritual debe ser practicada por todos, especialmente por aquellos de nosotros que estamos comprometidos en el desarrollo del liderazgo. Uno puede ser el líder de una denominación hispana, un pastor, un líder laico o un miembro que pertenece a cualquiera de las generaciones hispanas previamente mencionadas; sin embargo, la eficacia de la capacitación del liderazgo debe comenzar con nuestra relación personal con Dios. Cualquier estrategia que carezca de la formación espiritual demostraría ser ineficaz e improductiva.

La presión de ser un líder exitoso en un mundo poscristiandad es tangible. Los ministros hispanos están experimentando la presión de sus colegas en el liderazgo cuyos objetivos principales tienen su origen en la asistencia a la iglesia, el reconocimiento o el estatus. Los líderes hispanos que participan en el desarrollo del liderazgo deben esforzarse por alejarse de esta mentalidad y colocar la formación espiritual en la vanguardia de su capacitación de la próxima generación. Además, debe hacerse con un enfoque que tenga en mente el contexto de la G. H. E.

Aunque la formación espiritual abarca muchos aspectos del cristianismo, hay un área que está afectando directamente a la G. H. E., y esa es la adoración.

ADORACIÓN CRISTIANA

La adoración cristiana es parte de nuestra formación espiritual. Es una de las expresiones más antiguas de la humanidad hacia su Creador. Creo que es parte de nuestros pasos de niño que culminan en una relación más profunda con el Señor. Ralph Martin, en su libro *The Worship of God* [La adoración a Dios], cita el significado de adoración de Karl Barth como la expresión más excepcional y maravillosa de la creación de Dios: «La adoración cristiana es la acción más trascendental, la más apremiante, la más gloriosa que puede tener lugar en la vida humana».[5]

Según el Nuevo Manual Bíblico de Unger, las palabras hebreas y griegas para adoración son, respectivamente: ...la palabra hebrea *shaha*; postrarse especialmente con actitud reflexiva, en homenaje a la realeza o a Dios («inclinarse»), postrarse ante otro con el fin de ofrecerle honra y reverencia (Gén. 22:5; etc.). Este modo de saludar consistía en caer sobre las rodillas y luego tocar el suelo con la frente (Gén. 19:1; 42:6; 48:12; 1 Sam. 25:41). La palabra griega que a menudo se utiliza para adoración es *proskuneó*: propiamente «besar la mano de alguien», en señal de reverencia; también, arrodillarse o postrarse para rendir homenaje. La palabra que se usa con mayor frecuencia en el NT; *sebomai*, «reverenciar» una deidad (Mat. 15:9; Mar. 7:7; Hech. 18:13; 19:27).[6] La adoración es una expresión de santidad, intimidad y entrega total a Dios. Adoración es una palabra noble. Ralph Martin expresa:

> El término viene al inglés actual de la palabra de origen anglosajón *weorthscipe*. Esta más tarde se convirtió en *wordship* (que en español es adoración). Significa atribuir valor a un objeto... Si podemos elevar este pensamiento a la esfera de las relaciones humano-divinas, tenemos una definición de trabajo del término adoración ya lista

para nosotros. Adorar a Dios es atribuirle valor supremo, porque solo Él es digno.[7]

Dios llamó a Su pueblo a dedicarse a adorarle solo a Él y no adorar a otros dioses o imágenes. Martin expresa: «El objetivo principal de la adoración es Dios mismo».[8] El tema teológico de la adoración lo encontramos a través del Antiguo y el Nuevo Testamento. En su narrativa, nos damos cuenta de que la verdadera adoración debe estar dirigida hacia Dios y solo a Dios. Dios debe ser siempre el foco, el centro y la razón misma por la que cada creyente adora. Dios será siempre el objeto y Su pueblo el sujeto. La adoración no es una alternativa, sino más bien un absoluto. Jesús mismo definió el carácter de la verdadera adoración al indicar que la única manera de adorarlo a Él es en espíritu y en verdad. «Dios es espíritu, y los que le adoran deben adorarle en espíritu y en verdad» (Juan 4:24). Cuando adoramos, debemos tener siempre presente que Dios es digno de adoración. Nuestra adoración debe ser alegre, ofrecida con gratitud y no debe hacerse porque nos sentimos obligados o porque es un mandato.

La adoración en el Antiguo Testamento

Desde el principio, Dios ha exigido una verdadera adoración de Su pueblo. Satanás fue expulsado del cielo porque quiso la adoración para sí mismo y no para Dios (Isaías 14:12-15). En el libro de Génesis, Caín fue maldecido y expulsado de la presencia de Dios por no adorar a Dios en espíritu y en verdad (Génesis 4:1-16). Abel se convirtió en el modelo para la verdadera adoración. La verdadera adoración representa una adoración aceptable a Dios, que da a Dios lo mejor y no las sobras, una adoración que viene del corazón y no por obligación (Génesis 4:2-5).

Israel fue elegido no solo para ser el pueblo de Dios, sino algo más importante, para ser el pueblo elegido, que lo adoraría a Él.

Dios sacó a Su pueblo de Egipto porque allí no eran capaces de adorarlo en espíritu y en verdad. Dios le dijo a Moisés que fuera delante de Faraón con este mensaje: «Entonces le dirás: "El Señor, el Dios de los hebreos me envió a decirte: 'Libera a mi pueblo para que pueda ir a adorarme al desierto...'"» (Éxodo 7:16, PDT). Uno de los Diez Mandamientos exige adoración a Yahvéh y a nadie más (Éxodo 20:4-6). La adoración en el Antiguo Testamento se expresaba a través de las ofrendas y los sacrificios ante el altar (Génesis 4:2-5; 22:5), oraciones y cánticos (Éxodo 15; Salmos 42:8; 100:2), y con danzas (Salmos 149:3; 150:4).

La adoración en el Nuevo Testamento

Las primeras páginas del Nuevo Testamento presentan a Jesús como el siervo escogido de Dios, quien en última instancia va a restablecer la adoración entre Dios y Su pueblo elegido. Al final de la época del Antiguo Testamento hay un silencio, tal vez proveniente de un Yahvéh que está con el corazón roto debido a la indiferencia y la falta de verdadera adoración por parte de Su pueblo escogido. Sin embargo, en el Nuevo Testamento, Dios tomó forma de siervo; y al hacerlo, Él redirigió a Su pueblo y a Su iglesia nuevamente a la verdadera adoración.

Veamos la palabra griega para adoración, *proskuneó*, en el Nuevo Testamento con las siguientes observaciones: Dios sigue siendo el principal objeto de adoración. Satanás no pudo ser objeto de adoración en el cielo, y su segundo intento de hacer que Jesús se postrara y le adorara, también fracasó. Jesús estaba consciente del hecho de que uno de Sus propósitos en la Tierra era atraer al pueblo de Dios de nuevo para adorar a Yahvéh en lugar de a Satanás. Su encuentro con Satanás sirve como un recordatorio de que la adoración debe darse solamente a Dios: «Escrito está: "AL SEÑOR TU DIOS ADORARÁS, Y A EL SOLO SERVIRÁS"» (Lucas 4:8). Jesús describió la forma de adoración que Dios espera de Su pueblo. En Su encuentro con la samaritana junto al pozo de Jacob, Él delineó la forma de adoración que agrada a Dios:

> Créeme, mujer, que se acerca la hora en que ni en este monte ni en Jerusalén adorarán ustedes al Padre. Ahora ustedes adoran lo que no conocen; nosotros adoramos lo que conocemos, porque la salvación proviene de los judíos. Pero se acerca la hora, y ha llegado ya, en que los verdaderos adoradores rendirán culto al Padre en espíritu y en verdad, porque así quiere el Padre que sean los que le adoren. Dios es espíritu, y quienes lo adoran deben hacerlo en espíritu y en verdad (Juan 4:21-24, NVI).

La verdadera adoración no se limita a un templo o lugar específico. La verdadera adoración comienza en el corazón y se la debe ofrecer en espíritu y en verdad. Jesús fue el ejemplo perfecto de adoración hasta la muerte. Al morir en la cruz, Él no solamente nos enseñó cómo adorar, sino también la manera de seguir siendo fieles en nuestra adoración, incluso hasta la muerte: «Y hallándose en forma de hombre, se humilló a sí mismo, haciéndose obediente hasta la muerte, y muerte de cruz» (Filipenses 2:8).

La iglesia primitiva siguió el ejemplo de adoración de Jesús. Antes de que Jesús ascendiera al cielo, dio instrucciones a Sus discípulos de adorar al Padre como Él lo había hecho (Juan 17:17-24). A lo largo de los siglos, la iglesia primitiva se reunió para adorar al Señor en templos, casas, catacumbas; algunos incluso sufrieron el martirio por causa de adorar a Cristo. En Hechos 2:42-47 podemos observar que la iglesia primitiva adoraba a Dios a través de su fidelidad a: la doctrina de los apóstoles, la comunión con los creyentes, la partición del pan (Santa Comunión), así como a la oración y la alabanza a Dios en todo momento.

El autor de la *Primera Apología*, Justino Mártir, en su documento dirigido al emperador de Roma, Tito y César Augusto, fechado en el 150 d.c., describió la forma de adoración utilizada por los primeros cristianos durante el Día del Señor. Él expresó que: «Se reunían en un día llamado domingo; leían la Escritura; elevaban sus oraciones; celebraban la Eucaristía; ellos cantaban; alababan a Dios; y recogían una ofrenda».[9] Este documento nos da luz sobre cómo adoraban los primeros cristianos. Esteban fue uno de los primeros mártires de la iglesia primitiva, y murió adorando a Dios y viendo la gloria de Dios (Hechos 7).

Somos Su creación, y debemos adorarlo. Pablo, en su epístola a los Filipenses, exhorta a los creyentes a adorar a Cristo como el Señor triunfante. Plantea que: «para que al nombre de Jesús SE DOBLE TODA RODILLA de los que están en el cielo, y en la tierra, y debajo de la tierra, y toda lengua confiese que Jesucristo es Señor, para gloria de Dios Padre» (Filipenses 2:10-11). La verdadera adoración requiere la rendición de nosotros mismos como un sacrificio santo. «Por consiguiente, hermanos, os ruego por las misericordias de Dios que presentéis vuestros cuerpos como sacrificio vivo y santo, aceptable a Dios, que es vuestro culto racional» (Romanos 12:1). Hemos sido creados para adorar y alabarle y darle gloria (Efesios 1:6). Martin nos da las razones por las que deberíamos adorarlo; él afirma: «Por lo que Dios ha hecho por nosotros. Él nos ha amado, salvado, bendecido, guardado y todavía lo hace; le somos deudores de nuestros tributos de alabanza y oración colectivas».[10]

Oración

He elegido la oración como parte de la adoración dentro de la formación espiritual, porque tendemos a olvidar que la práctica de la oración puede ser utilizada como una herramienta eficaz en el desarrollo del liderazgo. Mediante el estudio de la vida de personajes bíblicos que se involucraron en el desarrollo del liderazgo, somos capaces de testimoniar el hecho de que su éxito ministerial estuvo precedido de una vida de intimidad con Dios a través de la oración. La oración es un componente vital para la formación espiritual. Tristemente, yo he observado que la oración cada vez está más lejos de ser un factor fundamental en la vida de las generaciones más jóvenes. El énfasis en la oración debe desempeñar un papel importante en nuestras denominaciones hispanas. No debe haber nada que sustituya a la oración. En Éxodo 33:7-11, vemos que Moisés solía pasar largos períodos de tiempo de oración y búsqueda de Dios. Como resultado, Josué aprendió de Moisés que, en el liderazgo, la oración se convierte en un factor importante en nuestras vidas.

Jesús mismo, siendo el hijo de Dios, fue un hombre de oración. Él siempre buscó tiempo para orar. No solo enseñó a Sus discípulos a orar; sino que Él mismo comprendía la necesidad de orar en todo momento. En Juan 17, a lo largo de todo el capítulo, Jesús pronuncia una oración de intercesión a favor de Sus discípulos. Jesús oraba a Su padre no por una necesidad, sino porque lo amaba. Si realmente amamos al Señor, entonces debemos buscarlo en oración. Respecto a Dios y a nuestro amor por Él, que se manifiesta a través de la oración, Richard Foster, en su libro *La oración*, afirma: «Y un amor abrumador provoca una respuesta. El amor es la sintaxis de la oración... La oración verdadera no viene de apretar los dientes, sino de sentirnos enamorados»[11].

¿Qué es la oración? La oración es una comunicación entre lo humano y lo divino, entre el Creador y Su creación; la oración es buscar la unión con Dios; por lo tanto, tal unión no se puede obtener a menos que uno esté dispuesto a entrar en una travesía de oración. La palabra griega que se usa para oración es *proseúxomai*; *pros*, que significa «hacia, intercambio» y *euxomai*, «desear, orar». La oración es, primordialmente, un componente esencial para la formación espiritual. Esta práctica no es nueva, tiene sus raíces en la Biblia y se puede encontrar en el Antiguo Testamento, así como en el Nuevo Testamento. El libro del Génesis narra la creación de la humanidad y la unión entre Dios y Su creación. Hemos sido creados a Su imagen: «Creó, pues, Dios al hombre a imagen suya, a imagen de Dios lo creó; varón y hembra los creó» (Génesis 1:27). En el Nuevo Testamento, encontramos a Jesús instruyendo a Sus discípulos a permanecer en Él y estar en unión con Él.

Esta unión con Dios, o la búsqueda de Dios, no se trata de la oración en sí misma. No se trata de otra práctica que nos puede hacer sentir bien o aceptados por Dios. De hecho, la búsqueda de Dios se trata de permitir que Su presencia habite dentro de nosotros, así como de darle a Dios la oportunidad de mostrarnos Su gracia y amor. Es una travesía mutua mediante la cual no solo buscamos a Dios, sino que también le permitimos a Él que nos encuentre. Para ilustrar mejor la necesidad de la oración como una manera de ganar intimidad y permanecer con Jesús, voy a analizar el pasaje de la vid y los sarmientos que se encuentra en Juan 15.

Juan 15: un ejemplo de permanecer en Dios

Yo soy la vid, vosotros los sarmientos; el que permanece en mí y yo en él, ése da mucho fruto, porque separados de mí nada podéis hacer. Si alguno no permanece en mí, es echado fuera como un sarmiento y se seca; y los recogen, los echan al fuego y se queman. Si permanecéis en mí, y mis palabras permanecen en vosotros, pedid lo que queráis y os será hecho (Juan 15:5-7).

Uno de los resultados de la oración es la semejanza a Cristo; es una manera por medio de la cual nos volvemos dependientes de Él. Juan 15 enseña tres elementos importantes sobre la formación espiritual: permanecer en Cristo, llevar fruto, y la obediencia (vv.

1-17). **Permanencia.** En este capítulo se describe una relación con Cristo que se puede obtener por medio de permanecer con Jesús como la vid verdadera. Dios Padre es el viñador, y nosotros los sarmientos. Al permanecer en Cristo recibimos unidad y unión con Él. Llegamos a ser amigos de Dios. A través de esta unión, podemos experimentar gozo, paz y una relación con Él. Por otra parte, dicha relación nos permite recibir respuesta a nuestras peticiones de oración.

Una persona que ha experimentado la unidad con Dios es una persona que tiene «una cierta comprensión de quién es Dios, que tiene una vida de oración interactiva con Dios y descubre el gozo de Dios como algo natural». **Llevar fruto.** Este es el resultado de nuestra unidad con Dios. Una persona que lleva mucho fruto es aquella cuyo carácter ha sido cambiado; y de esta forma se convierte en alguien lleno de amor, gozo, paz, paciencia, benignidad, bondad, fidelidad, mansedumbre y dominio propio (Gálatas 5:22-23). **Obediencia.** Este es el otro beneficio de permanecer en Cristo. Al permanecer con Dios podemos llevar mucho fruto; esta obediencia se manifiesta en la obediencia a Sus mandamientos, y en un comportamiento amoroso (vv.10, 12-14, 17). La persona que ha experimentado la unión con Dios y está dando fruto es la que no tendrá ningún problema en seguir la palabra de Dios y Sus mandamientos, y tendrá un corazón lleno de amor, verdad, paciencia y bondad hacia los demás.

La oración de intercesión

Permanecer en Cristo me mantiene en continua conversación con Él; lo que me permite esperar en el Señor. Él me dará todo lo que pido, pero mientras esto sucede, yo oro y espero por el tiempo de Dios y no el mío. La oración de intercesión no es dada para manipular o controlar, sino para permitir que mi alma se forme de acuerdo a Su voluntad. Esta oración no es inferior a las otras formas de oración y ayuda a desarrollar un carácter semejante al de Cristo. El Señor nos ha dado la libertad de pedir y a medida que pedimos, emprendemos la travesía de buscar Su rostro (Salmos 27:8). Esta práctica desarrolla un carácter lleno de amor y compasión hacia las personas necesitadas. También nos recuerda la importancia de orar por otros necesitados. Nunca olvidaré la experiencia durante una clase, cuando lloré mientras oraba por una persona que el Espíritu Santo había puesto en mi corazón para orar. Esta práctica resultó ser no solo una oración de intercesión, sino también una oración de llanto.

Jesucristo practicó la oración de intercesión. El oró por Pedro y para que su fe no fallara: «Simón, Simón, mira que Satanás os ha reclamado para zarandearos como a trigo; pero yo he rogado por ti para que tu fe no falle; y tú, una vez que hayas regresado, fortalece a tus hermanos» (Lucas 22:31-32). La generación emergente debe buscar la unión con el Señor en oración, interceder por sus líderes y comunidades, y hacer de la oración una parte de su agenda diaria.

Concluyo con una oración que se ha convertido en parte de mi meditación con Dios. La lectura de esta oración impregna unión con Dios e infunde un profundo deseo de permanecer en Cristo en todo momento. Esta oración abre el corazón de cualquiera para la transformación. Como lo ha hecho por mí, esta habla de que Cristo está conmigo, dentro de mí, y sobre mí. Una de las estrofas de esta oración, «Coraza de San Patricio», expresa:

> Cristo sea conmigo, Cristo dentro de mí,
> Cristo detrás de mí, Cristo delante de mí,
> Cristo a mi lado, Cristo para conquistarme,
> Cristo para consolarme y restaurarme,
> Cristo debajo de mí, Cristo sobre mí,
> Cristo en la calma, Cristo en el peligro,
> Cristo en el corazón de todos los que me aman,
> Cristo en la boca de amigos y extraños.[12]

Uno puede preguntarse: «¿Qué tiene que ver la oración con la formación espiritual?» O «¿Es correcto asumir que esta práctica se puede utilizar como una estrategia para el desarrollo del liderazgo hispano?». La respuesta a ambas preguntas es un rotundo «¡SÍ!». Como líder hispano puedo atestiguar el hecho de que la oración es importante, y que hemos dejado de enseñar a nuestra próxima generación de hispanos la importancia de dedicar tiempo de calidad con Dios. Hemos visto esta práctica como obsoleta y pasada de moda, que solo tenía su lugar en la época patrística (primeros siglos de la historia de la iglesia, 100-451 d.C.); sin embargo, más que nunca, nuestra nueva generación necesita aprender la disciplina de la oración con el fin de lograr intimidad con Dios.

Aunque los programas, eventos y conferencias intensivas dirigidas a capacitar a la próxima generación pueden ser beneficiosas, privarles de los beneficios espirituales que se encuentran en la práctica de la oración podría ser perjudicial para su formación espiritual. La capacitación en el desarrollo del liderazgo para los líderes del futuro debe incluir la oración como parte de la formación espiritual. Uno de los propósitos de nuestra rápida revisión sobre la teología de la adoración es arrojar más luz y comprensión bíblicas entre la gran cantidad de ideas falsas y confusión con respecto a la liturgia hispana, o a la adoración pública en nuestro tiempo presente. La praxis hispana de la adoración pública ha sido objeto de debates, aplicaciones inadecuadas, legalismo, y, a veces, divisiones entre las generaciones hispanas. **Nuestro liderazgo le debe a la presente G. H. E. una delimitación teológica y práctica de lo que es la verdadera adoración.** No hacerlo podría ser perjudicial para la teología ya fragmentada de la adoración que nuestra próxima generación ha heredado actualmente. En el siguiente segmento de este capítulo, voy a tratar los conflictos y desafíos que la G. H. E. enfrenta en cuanto a la adoración pública.

CONFLICTOS DE ADORACIÓN ENTRE LA G. H. E. Y LAS IGLESIAS HISPANAS

En nuestro segmento anterior, yo expliqué a grandes rasgos los elementos de la adoración practicados por la iglesia primitiva durante el Día del Señor (domingo), que son: lectura de la Escritura, oración, participación de la Eucaristía, cánticos, alabanza y ofrenda. Este documento nos ayuda a mitigar la idea errónea de que la adoración pública se limita a la música o la oración. La adoración pública normalmente se desarrolla dentro de un santuario, pero el alcance de la verdadera adoración habla de un estilo de vida que un seguidor de Jesucristo escoge vivir. A continuación, me concentraré en los conflictos y los retos que tienen lugar en un servicio de adoración hispano.

Idioma

Hoy en día no es raro ver a la diversidad generacional entre los hispanos en un servicio de adoración típico de domingo en la mañana. Me atrevo a decir que, de acuerdo a mis observaciones durante años de ministerio entre las iglesias hispanas, en cada servicio uno puede contar con al menos tres generaciones de adoradores. La primera generación insiste en un servicio de adoración que se realice estrictamente en idioma español. Su argumento es que la G. H. E. tiene que asimilar la cultura y el idioma español. Aunque parte de su argumento podría ser correcto, la realidad es totalmente diferente. Los efectos de esta práctica han creado un problema de ramificaciones gigantescas que necesitamos tratar.

Mi observación personal en relación con la generación emergente ha sido que mientras crecen, ellos asisten y adoran en una iglesia hispana con un servicio de adoración solamente en español. Sin embargo, tan pronto como tienen la oportunidad, ellos migran a una congregación no hispana que esté dispuesta a ofrecerles una experiencia de adoración en su propio idioma. Esto se debe al hecho de que no hemos sido capaces de comprender que, a pesar de llevar un apellido de origen hispano, puede que el español no sea su idioma principal o preferido. Aunque la generación emergente puede entender el español hablado en el hogar, eso no quiere decir que hablen con fluidez en español. Si usted no cree esta realidad, trate de poner a una persona hispana de la primera generación en un servicio en inglés y luego dígame cuánto ella asimiló o disfrutó ese tiempo. La excusa más grande que uno puede darle a la G. H. E. cuando los obligamos a nuestras formas es «ustedes necesitan aprender a hablar español».

Holland cita la obra de Grebler, Moore y Guzmán sobre las cuatro etapas de Aculturación/Variables de la lengua. Él afirma que la generación hispana está constantemente sometida a «la primera etapa, solo español; la segunda etapa, español y un poco de inglés; la tercera etapa, bilingüe/bicultural; la cuarta etapa, inglés solamente».[13] A esto él llama «Movilidad Social Ascendente».[14] La mayor parte de la G. H. E. se encuentra entre la tercera etapa y en dirección a la cuarta. El problema es que, si insistimos en tener servicios de adoración solo en español, hay una posibilidad de que cuando llegue el momento que la generación emergente vaya a la universidad, tengamos que darle **el beso del adiós**, porque lo más probable es que no regresen a nuestras iglesias. Puede que nunca los tengamos de regreso como miembros activos en nuestras congregaciones hispanas donde solo se habla español.

Enfoques sugeridos

La necesidad de al menos un servicio de **adoración bilingüe** es inminente. No se puede continuar con la mentalidad de «solamente español» con la esperanza de que nuestra generación emergente se ajustará. En realidad, esas congregaciones que ya han hecho el ajuste seguirán dando la bienvenida a aquellos que nosotros hemos descuidado. Las iglesias angloamericanas están recibiendo a nuestros jóvenes de la G. H. E. en grandes masas. Este grupo en particular regresa de la universidad como profesionales, capacitados y dispuestos a servir; pero lamentablemente, a menudo no regresan a nuestras iglesias hispanas.

Por último, nosotros como denominación hispana no deberíamos tener miedo de respaldar y apoyar a las congregaciones que se han movido a un formato de solo inglés. Si la composición de sus iglesias abarca la G. H. E., que así sea; déjelos que trabajen en su propio estilo y lenguaje. Abracémoslos y animémoslos en lugar de criticarlos por sus esfuerzos. La tendencia está cambiando. Sé de grandes iglesias hispanas que ofrecen servicios en español para la primera generación y servicio en inglés para la segunda y subsiguientes generaciones. Dos de estas iglesias se encuentran entre las 100 principales iglesias en asistencia dentro del movimiento de las Asambleas de Dios, superando a las iglesias del distrito no hispano.[15]

Estilo de música

La primera generación de pastores y líderes siguen teniendo servicios de adoración con canciones que sus tatarabuelos cantaban. Esto puede ser una exageración, pero el asunto es que, aunque el estilo de música es bueno, armonioso, inspirador y edificante, este ya no es atractivo para la G. H. E. Esto puede ser evidente cuando asistimos a una convención hispana de jóvenes. Aunque pueden escuchar algunos de los himnos cantados por nuestra generación, en su mayor parte, ellos tienen su propio estilo de música y se aburren al sentarse en los bancos a cantar las canciones buenas, y pasadas de moda, en español.

Personalmente me gusta cantar esas canciones, ya que crecí con ellas, pero en realidad, la G. H. E. busca un estilo de música que sea relevante para su generación. No es raro escuchar las quejas de los miembros de la primera generación cuando están presentes en un programa de música contemporánea. Por ejemplo, una señora preciosa de la primera generación asistió a un servicio realizado por los jóvenes en su iglesia. Al comienzo del programa de música, para su sorpresa, ellos encendieron la máquina de humo. Su primera expresión en el interior del santuario fue «¡ese humo es del diablo!».

Enfoques sugeridos

El líder, pastor o director de música debe estar abierto a **nuevos estilos** de música y de programas. Tienen que permitir que la G. H. E. participe en la planificación del programa de música. Una sugerencia para esto es tratar de mezclar programas que incluyan las canciones antiguas con las nuevas. Creo que la G. H. E. tiene que experimentar nuestro patrimonio musical, pero no de una manera forzada en un programa que no está ni en su propio idioma, ni en su propio contexto.

Edificios o templos

Algunas de nuestras iglesias hispanas no son propietarias de los edificios en los que adoran. Los pastores se ven obligados a alquilar instalaciones que no son adecuadas para la adoración. La ubicación, el alto alquiler y cualquier otro desafío adicional que ellos enfrentan, con frecuencia afectan la calidad o la presentación que pueden ofrecer a los miembros de la iglesia. El grupo de iglesias hispanas que poseen sus propias instalaciones se encuentran en una encrucijada cuando emprenden una remodelación muy necesaria que hará que su edificio sea más atractivo para la generación más joven.

En su mayor parte, la primera generación de miembros no tiene ningún problema en asistir a cualquier edificio, en cualquier lugar, en cualquier momento, pero no es así para la G. H. E. Ellos están acostumbrados a los edificios de alta tecnología en la escuela, el trabajo, o en la universidad durante los días entre semana. Regresar a adorar en un edificio que es inadecuado o viejo es un reto, por no decir otra cosa. La falta de recursos financieros tiene actualmente un impacto gigantesco en algunas de nuestras iglesias e incluso en nuestras denominaciones hispanas. Los pastores que están inmersos en una campaña para obtener fondos para la construcción, con el objetivo de edificar una nueva instalación o remodelar la ya existente, tienen grandes dificultades para encontrar instituciones que financien sus proyectos.

Para añadir leña al fuego, la economía, la pérdida de puestos de trabajo y los bajos niveles de ingresos de algunos de sus miembros hacen que sea difícil o incluso imposible calificar para obtener un préstamo. Incluso algunas de las instituciones financieras cristianas están rechazando a las iglesias hispanas que solicitan un préstamo, porque no cumplen los requisitos. ¿Que deberían hacer? ¿Cómo pueden satisfacer sus necesidades financieras? Su corazón está en el lugar correcto, pero sus recursos son limitados. Debido al dilema mencionado anteriormente, nuestra G. H. E. está migrando a las iglesias cuyas instalaciones son más adecuadas y atractivas para ellos. En el pasado, la mayoría de las iglesias angloamericanas hermanas abrían sus puertas a nuestras congregaciones hispanas que necesitaban un edificio para la adoración. Pero, lamentablemente las puertas poco a poco se están cerrando, y una nueva tendencia se está manifestando, que es la apertura de departamentos hispanos entre las iglesias angloamericanas.

El problema con esta tendencia es el hecho de que la congregación hispana, que asiste o acepta esta propuesta, a menudo se encuentra a sí misma bajo una administración o liderazgo de pastores y líderes que no entienden el contexto hispano. Por lo tanto, la congregación hispana, no solo tiene que someterse a su supervisión, sino que, sobre todo, les resulta difícil operar de forma independiente. Aunque puede haber casos exitosos, a veces el resultado de estos esfuerzos conjuntos es la pérdida de los miembros de la G. H. E. que prefieren asistir a la congregación que tiene el servicio en inglés en lugar de apoyar la de los hispanos. A algunas de las congregaciones hispanas se les pide unirse a la congregación en inglés en su servicio de adoración en lugar de facilitar un lugar de adoración adecuado para ellos.

Con respecto al dilema de aculturación, los escritos de Holland confirman el éxodo de la población perteneciente a la G. H. E. quienes deciden desligarse de sus raíces. Holland afirma:

> «la clase media de hispanos estadounidenses, altamente aculturados, que fácilmente son bilingües o que hablan solo el inglés con fluidez, tienden a asociarse únicamente con iglesias anglo, mientras tienen poco que ver con el ministerio entre la población hispanoparlante».[16]

Recuerdo la década de 1970, cuando alguien le pidió a mi padre que abriera una nueva misión en Los Ángeles, dentro de una iglesia anglo hermana. Al principio nos dieron la sala de una casa que pertenecía a la iglesia para llevar a cabo nuestros servicios. Una vez que la congregación creció a casi un centenar de personas, nos ofrecieron el sótano de la iglesia con la condición de que teníamos que unirnos a la congregación en inglés en su servicio de adoración del domingo por la mañana. El problema con esta propuesta era el hecho de que su congregación consistía en un puñado de personas mayores cuyo estilo de adoración era totalmente diferente al nuestro. Sin mucho éxito, mi padre trató de explicar la necesidad de un crecimiento independiente. Él sugirió participar en los servicios unidos al menos una vez al mes con el fin de tener comunión y participar de la Santa Comunión juntos. Tristemente, su sugerencia fue rechazada. Fue despedido como pastor, y la misión hispana, en cuyo establecimiento trabajamos tan duro, llegó a su fin.

Hace algunos años, me enteré que la iglesia anglo donde abrimos la misión cerró sus puertas, y donó su edificio para un ministerio anglo de un barrio marginado. Cuando este ministerio creció, y ya no cabían en el lugar, ellos compraron un edificio más grande, y vendieron el anterior a un ministerio hispano.

Agradezco a los ministros e iglesias anglo que en el pasado han permitido que las iglesias hispanas utilicen sus instalaciones sin reservas o restricciones. También estoy agradecido a aquellas congregaciones que no han obligado a las misiones hispanas a convertirse en departamentos de sus congregaciones; sino más bien, han trabajado juntas para ayudar y facilitar el crecimiento de las misiones hispanas. Sé de algunos casos en los que las iglesias anglo, incluyendo denominaciones anglo, han ayudado a una nueva misión hispana a comprar un edificio o les han vendido sus edificios con un gran descuento. En otros casos, les han donado su edificio, o ayudado a construir uno propio. Esto es extremadamente importante, ya que, a algunas de estas congregaciones, les resulta muy difícil establecerse al comienzo de su ministerio.

No sé si el enfoque de convertirse en un departamento de una iglesia anglo cosechará una nueva generación de líderes hispanos. Me gustaría ver que trabajemos juntos y nos ayudemos unos a otros. Podemos lograr este objetivo si los líderes y pastores de las iglesias anglo ofrecen su ayuda a las nuevas misiones hispanas permitiéndonos operar de forma independiente y dentro de nuestro propio contexto.

Comprendo que hay algunos líderes hispanos que necesitan aprender a respetar, cuidar, y administrar un edificio que no es suyo. También soy consciente de algunos casos en que existe una asociación, un acuerdo y un compañerismo mutuo entre una iglesia anglo y una nueva misión hispana. La asociación ha funcionado de maravilla y ha producido una gran cosecha para el reino de Dios. Sin embargo, estos casos son únicos y a menudo requieren una iglesia anglo con un gran corazón para las misiones hispanas, una mente abierta y la voluntad de entender la cultura hispana, y un liderazgo que esté dispuesto a trabajar juntos sin sacar provecho uno del otro.

Nuevos enfoques

La necesidad de entablar una conversación sana con los líderes de nuestra denominación anglo es imprescindible. Únicamente cuando tratamos estos temas con una mente abierta somos capaces de trabajar juntos y ayudarnos mutuamente. Ellos tienen los edificios y los recursos, mientras que nosotros tenemos la pasión por abrir nuevas misiones y ver que más de nuestro pueblo hispano se salve. Creo que podemos trabajar de forma independiente, sin embargo, en unidad podemos crecer juntos dentro de nuestros propios contextos particulares. Este análisis busca entender mejor los retos que enfrentan nuestras iglesias hispanas, en lugar de lo que podría interpretarse erróneamente como un ataque directo contra la iglesia anglo en su conjunto. Estoy muy agradecido por sus esfuerzos y contribuciones a la formación de nuestras denominaciones e iglesias; sin embargo, la urgencia de la cuestión que nos ocupa requiere sinceridad, franqueza, madurez y comprensión.

Yo no sería justo en este dilema si no menciono el hecho de que nosotros tenemos que hacer nuestra parte también. A menudo, como hispanos, tenemos la tendencia a culpar a otros por nuestras deficiencias. Tenemos que animar a nuestra próxima generación a estudiar, ir a la universidad, prepararse en sus carreras y estar comprometidos con sus congregaciones hispanas. Una vez que se conviertan en profesionales, ellos podrán invertir sus talentos y recursos financieros en nuestros distritos e iglesias, solo si les ayudamos a desarrollar sus habilidades de liderazgo en su propio contexto. Ortiz aborda la necesidad de que nuestra generación entienda a la generación emergente, dándoles la libertad para declarar sus dinámicas educativas. Él afirma:

> «Los hispanos de la segunda generación deben ser entendidos antropológica y sociológicamente, de modo que la iglesia pueda darles "espacio" para que expresen sus dinámicas culturales».[17]

Nuestra generación debe buscar sabiduría, orientación y mentoría en el área de las finanzas. El liderazgo hispano necesita una administración adecuada, así como planificación del presupuesto, planificación de construcción, y procedimientos de contabilidad adecuados. La membresía de la iglesia hispana tiene que ser capacitada y motivada para plantar una semilla financiera en el reino de Dios que con el tiempo produzca buenos dividendos. Si oramos y hacemos nuestra parte, podemos esperar que el Señor haga la Suya, y Dios proveerá milagros que facilitarán la expansión de Su reino en la Tierra, así como instalaciones adecuadas y suficientes para las generaciones venideras.

Es esencial proporcionar un lugar adecuado para la adoración, y hacerlo en un contexto que dé la bienvenida a la generación emergente. Ellos necesitan ser acogidos, de lo contrario seguirán abandonando nuestras iglesias, así como su fundamento cristiano. Las estadísticas recientes sobre las afiliaciones religiosas de la Generación del Milenio son alarmantes. Pew Research informa lo siguiente con respecto a este tema:

> Nuestra nueva encuesta de los hispanos en Estados Unidos y la religión nos permite analizar más detalladamente si la tendencia sigue siendo

válida entre la mayor minoría étnica del país. Y de hecho, los Hispanos del Milenio reflejan a los estadounidenses adultos jóvenes en general en sus más bajos índices de afiliación religiosa y compromiso en comparación con sus homólogos de mayor edad. Cifras similares de los Hispanos del Milenio (28%) y Norteamericanos del Milenio en general (31%) muestran que ellos no tienen ninguna religión en particular o que son ateos o agnósticos. En comparación, los porcentajes de los adultos hispanos en general y los adultos estadounidenses en general que no tienen afiliación religiosa son más bajos (18% de los hispanos, el 20% de todos los adultos norteamericanos).[18]

HISTORIAS DE IGLESIAS EXITOSAS DE LA GENERACIÓN EMERGENTE

Me gustaría compartir la historia de un líder de la tercera generación que tal vez se ajusta al perfil de un líder eficaz que ha abrazado los cambios antes mencionados, con resultados sin precedentes. Su nombre es Carlos Ramos, y es un hispano de cuarta generación. El nombre de su iglesia es Templo Refugio, y se encuentra en Fort Worth (Texas). En 2004, él se hizo cargo de una iglesia que en su mayor parte contaba con una membresía de la primera generación. Aunque la iglesia ha pasado por un largo período de ajustes, me siento feliz de informar que hace unos años su iglesia hizo la transición a una iglesia con dos servicios; uno en inglés y otro en español. La iglesia ha crecido de una asistencia de 70 personas a 700. Hace apenas unas semanas, ellos agregaron un tercer servicio, y ahora ofrecen dos servicios en inglés y uno en español. La iglesia ha invertido miles de dólares para adquirir y remodelar un edificio más grande, con el fin de satisfacer las necesidades de la generación emergente. Conozco personalmente al Pastor Ramos, y lo considero no solo mi amigo, sino también un gran esposo y padre. Sus hijos de la generación emergente están involucrados en la iglesia, y disfrutan servir al Señor.

Siempre digo que «**no quiero pastorear una iglesia a la que mis hijos no pueden pertenecer, no pertenecerán, o sienten que no pertenecen**». El reverendo Ramos es también un gran líder de la tercera generación que está abriendo el camino para un próspero desarrollo del liderazgo de la generación emergente entre los hispanos.

Hay otras iglesias que están haciendo un trabajo notable con líderes de la segunda y tercera generación. Mi ya fallecido primo Benjamín Paredes pastoreó una iglesia llamada Templo Betania. Comenzó con un poco más de 100 personas, y por el tiempo cuando Benjamín se fue a casa para estar con el Señor en el año 2012, la iglesia contaba con una asistencia de más de 1500 personas. Su esposa Maribel Paredes es la pastora actual, y uno de sus hijos, Benji (un líder de la segunda generación), es el pastor asistente.

RESUMEN

Después que todo está dicho y hecho, nuestro amor por el Señor debe reflejar nuestro deseo de comprometernos en una relación personal con Él. Robin Mass y Gabriel O'Donnell no podrían haberlo dicho mejor:

> Nuestra experiencia debe ser probada a la luz de la reflexión bien fundada sobre la Escritura, la historia y la enseñanza de la Iglesia; y la confesión comunitaria de la fe de la Iglesia debe ser vivida por cada uno de nosotros en una relación personal de amor con Dios.[19]

Hemos echado un vistazo general a la esencia de la formación espiritual, con especial énfasis en la adoración, y sus desafíos para el desarrollo del liderazgo entre las iglesias hispanas. A continuación, vamos a tratar la importancia del discipulado como un enfoque del liderazgo.

PREGUNTAS DE ESTUDIO

1. ¿Cuáles son las palabras griegas usadas por Pablo en Gálatas 4:19 en relación a la formación y cuál es su significado?
2. ¿Cuál es el significado de la adoración según Karl Bath, citado por Ralph Martin?
3. ¿Qué tipo de servicio de adoración (en términos de lenguaje) se necesita, por lo menos entre nuestra generación emergente?
4. ¿A qué estilos de música y de programas el líder, pastor o director de música debe estar abierto?
5. ¿Qué tipo de instalaciones son usadas por la generación emergente en la escuela, trabajo o colegios durante la semana?

PREGUNTA DE DIÁLOGO PARA GRUPOS

Permita que su grupo pueda dialogar sobre los estilos de música usados en sus servicios de adoración. ¿Está su iglesia o denominación incluyendo a la generación emergente en programas de servicio de adoración? Si no es así, permita que el grupo que incluye a la nueva generación en su programa de adoración, pueda dar sugerencias a los que no lo hacen.

PROYECTO

Algunas de nuestras iglesias hispanas no son dueñas de los edificios donde adoran. Los pastores no tienen ninguna otra alternativa que la de alquilar las instalaciones que en algunas ocasiones no son aptas para el servicio de adoración.

Asignar a un grupo de personas para que elaboren un trabajo de investigación identificando los desafíos que enfrentan sus iglesias o denominaciones con respecto a los edificios de la iglesia, y a raíz del resultado, delinear las posibles soluciones.

Capítulo 9

DISCIPULADO

Eran las primeras horas de la mañana y yo acababa de terminar una cruzada evangelística. Al llegar a casa, encendí mi contestador telefónico; y escuché un mensaje que me atravesó el corazón. Era uno de mis amigos, a quien conocía desde hacía muchos años. Me dijo: «Maynor, ¡mi hijo está muerto, mi hijo está muerto! Lo encontraron muerto en medio de un parque». Puede que nunca sepa la causa de la muerte de Pedro, pero una cosa sí sé: Pedro estaba jugando a la iglesia. Él de veras intentó mantenerse alejado de algunos amigos que finalmente lo apartaron de seguir a Cristo. Las aventuras de Pedro, apartado del Señor, lo llevaron a alejarse de la iglesia a la que asistía, conocía y con la que estaba comprometido. Aunque muchas veces trató de volver a la iglesia, sus esfuerzos no tuvieron éxito; no pudo encontrar el valor y la fuerza para mantenerse alejado de las personas que no temían al Señor. Deambuló de acá para allá a través de la puerta giratoria de la iglesia hasta el día de su muerte.

Pedro era uno de mis mejores amigos, y su padre, un pastor muy respetado y líder reconocido en Los Ángeles, también era mi amigo. El padre de Pedro me pidió que fuera el orador en el funeral de su hijo. Fue muy duro dar el mensaje, sabiendo que delante de mí estaba el cuerpo de un amigo personal. Después del mensaje, hice un llamado al altar, y para mi sorpresa, más de un centenar de jóvenes vinieron al frente para encomendar nuevamente sus vidas al Señor. Al final del funeral, el padre de Pedro me dijo dos cosas que nunca olvidaré mientras viva. En primer lugar, dijo: «Maynor, una de las cosas más difíciles para un pastor es ver a su propio hijo morir de la manera que mi hijo murió, solo en un parque». La segunda cosa que dijo fue: «Todos los jóvenes que pasaron al frente, una vez fueron miembros de esta iglesia. Una vez sirvieron al Señor; pero tristemente, se fueron de la iglesia y regresaron al mundo».

En mi camino de vuelta a casa, ya no pude contener las lágrimas, no solo porque echaba de menos a Pedro, sino más aún porque, aunque hice todo lo posible por ayudarlo, animarlo y levantarlo, sentí que de alguna manera le había fallado. Mis pensamientos fueron al pasado, reviviendo los acontecimientos que tuvieron lugar durante nuestra amistad. Al final, llegué a la conclusión de que Pedro y los otros jóvenes que fueron al altar no lograron abrazar un área fundamental en sus vidas: ser un verdadero seguidor de Jesús.

A menudo me pregunto cuántos jóvenes están esperando ser discipulados, o tal vez cuántos han sido discipulados incorrectamente. El discipulado es el factor fundamental en el desarrollo eficaz del liderazgo. Sin discipulado, un líder recibirá una formación ministerial incompleta. Si la formación espiritual tiene como objetivo formar un carácter y una actitud como la de Cristo, el discipulado tiene como objetivo la preparación adecuada para la acción en el ministerio. Tiene que ver con los primeros pasos que da un cristiano bajo la dirección de un líder, que con el tiempo culminan en la madurez y el servicio en el reino del Señor.

¿QUÉ ES EL DISCIPULADO?

Y acercándose Jesús, les habló, diciendo: Toda autoridad me ha sido dada en el cielo y en la tierra. Id, pues, y haced discípulos de todas las naciones, bautizándolos en el nombre del Padre y del Hijo y del Espíritu Santo, enseñándoles a guardar todo lo que os he mandado; y he aquí, yo estoy con vosotros todos los días, hasta el fin del mundo (Mateo 28:18-20).

Antes que nuestro Señor Jesucristo ascendiera al cielo, Él reunió a Sus discípulos y les dio la comisión más esencial, fundamental y excepcional conocida por los cristianos. Esa comisión fue la de ir y hacer discípulos. Al darles la comisión, Él entregó la autoridad de Dios en sus vidas. De este modo, Jesús los **empoderó** para hacer discípulos, bautizar y enseñar. El mandato del Señor de hacer discípulos no dejaba lugar para otras opciones; solo dejaba lugar para la obediencia.

Al estudiar los evangelios, sobre todo el libro de los Hechos, vemos a los seguidores de Cristo involucrados en el discipulado. Ellos tomaron su tarea tan en serio que nada, ni siquiera la muerte, pudo impedirles llevar a cabo los mandatos del Señor. Como cristianos, podemos dar testimonio del hecho de que el trabajo realizado por los discípulos de Jesús ha sido coronado con la multiplicación de discípulos en todo el mundo, incluyendo a los hispanos en Estados Unidos.

¿Qué era lo que el Señor realmente trató de transmitir a Sus discípulos durante más de tres años? La palabra discípulo viene de la palabra griega μαθητεύω *matheteúo*, y significa tanto enseñar como instruir (como en hacer un discípulo), y ser un discípulo. Los que están dispuestos a ser discipulados son llamados μαθητής o *mathetés* que significa aprendiz, alumno.[1] De acuerdo con Mateo

28:19, la tarea dada a los discípulos era ir a buscar aprendices o alumnos para el reino del Señor, e impartir lo que habían recibido directamente del Señor a los demás.

Para comprender mejor el sentido y la magnitud de ser un discípulo, es importante retroceder en la historia y estudiar la forma en que los judíos veían el discipulado. En los tiempos de Jesús, antes de poder capacitar a los aprendices o alumnos uno tenía que hacerse rabino. Un rabino era un maestro o erudito judío. Ser discípulo bajo un rabino no era una tarea fácil. En primer lugar, ellos pedían estudiar y memorizar la Torá. Después de más estudios y memorización de la historia y la literatura judías, había que encontrar un rabino que estuviera dispuesto a tomarle bajo su tutela. Antes de que un rabino estuviese de acuerdo en capacitarle, este pondría a prueba su conocimiento e integridad, solo para ver si usted calificaba para ser su discípulo. Al pasar estas pruebas, el rabino le diría «ven y sígueme», y desde ese momento él le llamaría su aprendiz.

El verdadero significado de la palabra discípulo va más allá de ser un seguidor, aprendiz o alumno (*mathetés*). Es la idea de una disposición de recibir una capacitación que provocará un cambio de mente, de corazón y de objetivos. El objetivo principal del discipulado era estar dispuesto a tener una relación personal con su rabino que con el tiempo culminaría en una unidad entre el maestro y el discípulo, el rabino y el alumno; para decirlo en otras palabras, «convertirse» en un maestro o rabino. Cuando Jesús decía a Sus discípulos «seguidme» (Marcos 1:17-20), Él estaba dando a entender lo siguiente: «Les estoy haciendo una invitación para que formen parte de mi reino; sin embargo, si deciden aceptar mi invitación, necesitarán cambios importantes en la manera de pensar y actuar por decir lo menos. No puedo conformarme con nada menos que no sea que acepten entrar en un pacto divino, una relación íntima conmigo. Ustedes me seguirán (dejarán a sus familias y negocios detrás), aprenderán de mí, y serán mis alumnos.

Donde yo vaya, ustedes irán, donde duerma, ustedes dormirán, lo que coma, ustedes comerán y, en la forma que yo sufra, ustedes también sufrirán (incluyendo la muerte como mártires); ustedes me conocerán, y les voy a revelar mi reino. Al final, ustedes serán promovidos a ser apóstoles (*apostolé*), serán enviados al mundo para extender mi reino, empoderados *(energeo, energema, exousía, dúnamis)* (Mateo 28:18-20; Hechos 1:8) para predicar (*kérugma*) el evangelio (*euanguélion*), para hacer discípulos (*mathetés*) y para enviarlos (*apostolé*), así como yo he hecho con ustedes». En mi observación personal, **esta es la esencia del desarrollo del liderazgo.**

Cuando Jesús llamó a Sus discípulos para seguirlo (Mateo 4:18-22), la mayoría de ellos, si no todos, se sentían indignos e incapacitados, sin embargo, sintieron el privilegio de seguir a Jesús y ser Sus aprendices. En esto consiste el reino de Dios: la esencia del ministerio de Jesús fue la proclamación, la demostración y la enseñanza. Keith J. Matthews expresa lo siguiente sobre el discipulado:

> «Una vez que entramos en el reino de Dios, tenemos que aprender a vivir en él. Tenemos que estar dispuestos a convertirnos en aprendices de Jesús, ya que un discípulo es un aprendiz».[2]

Es imposible decir que somos cristianos si no estamos dispuestos a ser primeramente Sus aprendices y someternos a Su aprendizaje. Los doce discípulos estaban muy conscientes del llamado cuando se inscribieron al principio. Aunque al comienzo de su aprendizaje con Jesús no se sentían calificados, al final se convirtieron en verdaderos seguidores de Jesús, hasta el punto de dar sus vidas por el reino del Señor.

Desafortunadamente, con el paso de los años, los cristianos han olvidado el mandato del Señor sobre el discipulado. En su lugar, el discipulado se ha convertido en algo opcional. Estamos demasiado ocupados tratando de lograr que nuestras iglesias estén llenas a plena capacidad a costa de sacrificar el verdadero discipulado. Programas de lujo, producciones cristianas al estilo de Hollywood, edificaciones e incluso las llamadas celebridades cristianas han sustituido el verdadero discipulado. La gran comisión del Señor se ha convertido, como dice Willard, en «la gran omisión». La sustitución de la gran comisión por la «gran omisión» tiene el potencial de dañar la cosecha de nuestra próxima generación. Dallas Willard escribe sobre el peligro de la omisión del discipulado en su libro *La Gran Omisión*:

>«Los mayores problemas que enfrenta el mundo hoy en día con todas sus necesidades desgarradoras consisten en si los que por profesión o cultura son identificados como «cristianos» se convertirán en discípulos-estudiantes, aprendices, practicantes de Jesucristo».[3]

Los que anhelan el verdadero discipulado, tienen que aceptar la salvación de Dios por gracia y a través de Su hijo Jesucristo. En la iglesia primitiva, los primeros convertidos se arrepintieron de sus pecados, y luego, poco después, se convirtieron en seguidores y aprendices. El segundo capítulo del libro de Hechos registra este magnífico acontecimiento que tuvo lugar poco después de la predicación de Pedro en Pentecostés, que finalmente cosechó a los futuros discípulos:

>Y con muchas otras palabras testificaba solemnemente y les exhortaba diciendo: Sed salvos de esta perversa generación. Entonces los que habían recibido su palabra fueron bautizados; y se añadieron aquel día como tres mil almas. Y se

dedicaban continuamente a las enseñanzas de los apóstoles, a la comunión, al partimiento del pan y a la oración (Hechos 2:40-42, NVI).

Uno de los problemas entre algunas iglesias pentecostales hispanas es la tendencia a poner más énfasis en el perdón de los pecados y menos o ningún énfasis en el discipulado. Para otros es poner más énfasis en lo social, y menos o ningún énfasis en el discipulado. Dallas, en su libro *La divina conspiración*, escribe sobre esta situación, que él llama el «Evangelio de la administración del pecado». Él expresa:

> Cuando examinamos el amplio espectro de la proclamación y la práctica cristiana, vemos que lo único esencial en el ala derecha de la teología es el perdón de los pecados del individuo. A la izquierda está la eliminación de los males sociales o estructurales. El evangelio actual, entonces se convierte en un «evangelio de administración del pecado». La transformación de la vida y el carácter no es parte del mensaje de redención.[4]

Por eso yo creo que tenemos que aplicar un equilibrio adecuado. Por un lado, no podemos ignorar la importancia de la salvación, ya que, sin ella, ¿cómo podemos adquirir candidatos para el discipulado? Por otro lado, no podemos asumir que una vez que uno es salvo el discipulado ya no es necesario. Además, Willard afirma que creer en esta metodología no es nada menos que un «cristianismo vampiro». Él continúa diciendo:

> «En primer lugar, en lo que el propio Jesús o Sus primeros seguidores enseñaron no hay absolutamente nada que sugiera que usted puede

decidir solo disfrutar del perdón a expensas de
Jesús y no tener nada más que ver con Él».[5]

No podría estar más de acuerdo con la declaración de Willard. Debemos sustituir la «gran omisión», por un **gran discipulado**. Creo que el discipulado eficaz cosechará una generación de líderes que estarán agradecidos de la obra redentora de Cristo y comprenderán que la salvación no ha sido barata. Además, hay líderes que están dispuestos a pagar el precio al inscribirse como aprendices del Señor Jesucristo. Por lo tanto, el discipulado cierra las puertas a la «gracia barata». El muy conocido autor y teólogo alemán Dietrich Bonhoeffer, nacido en el año 1906, escribe en su libro *El precio de la gracia*, las siguientes palabras inmortales con respecto a la gracia barata:

> La gracia barata es el enemigo mortal de nuestra Iglesia. Estamos luchando hoy por la gracia costosa. La gracia barata significa gracia vendida en el mercado como mercancía de bajísima calidad. Los sacramentos, el perdón del pecado, y los consuelos de la religión son echados a precios rebajados. La gracia es representada como el tesoro inagotable de la Iglesia, del que llueven bendiciones con manos generosas, sin hacer preguntas o establecer límites… La gracia barata es la predicación del perdón sin exigir arrepentimiento, el bautismo sin la disciplina de la iglesia, la comunión sin confesión, la absolución sin la confesión personal. La gracia barata es gracia *sin discipulado*, gracia sin la cruz, gracia sin Jesucristo vivo y encarnado… es el llamado de Jesucristo ante el cual los discípulos dejan sus redes y lo siguen… La gracia costosa es el evangelio que debe ser procurado una y otra

vez, el don que debe ser pedido, la puerta a la que un hombre tiene que llamar. Tal gracia es costosa porque nos llama a seguir, y es gracia porque nos llama a seguir a Jesucristo [énfasis añadido].[6]

En mi travesía como evangelista, pastor y líder por más de treinta y siete años, me he dado cuenta de que algunos pastores, ministros e incluso maestros han comprometido y suavizado la comisión pura del discipulado. El discipulado es la respuesta a la «gracia barata», por lo tanto, el discipulado debe ser costoso. Además, se necesita tiempo, preparación, y un gran esfuerzo para discipular a los que quieren ser aprendices de Jesús. Dado que el discipulado es fundamental para el desarrollo de futuros líderes, nos corresponde a nosotros los líderes involucrarnos en la tarea del discipulado. He utilizado el término discipulado debido a que algunos líderes no toman en serio esta tarea ni la incorporan al contexto de la G. H. E. La efectividad de nuestra capacitación en el discipulado para la próxima generación se basa en la revisión de lo que ha funcionado y lo que tiene necesidad de cambios o nuevos enfoques.

ENFOQUE DEL CUADRANTE EN EL DISCIPULADO

Permítame presentarle lo que yo llamo el enfoque del cuadrante en el discipulado. Este enfoque se compone de cuatro áreas del discipulado, que se encuentran en la Figura 6, y que fueron practicadas por Jesús con Sus discípulos: (a) discipulado intencional, (b) discipulado relacional, (c) discipulado relevante, y (d) discipulado experiencial.

Fig. 6. El cuadrante en el discipulado.

Discipulado intencional

Y andando junto al mar de Galilea, vio a dos hermanos, Simón, llamado Pedro, y Andrés su hermano, echando una red al mar, porque eran pescadores. Y les dijo: Seguidme, y yo os haré pescadores de hombres (Mateo 4:18-19).

Este pasaje nos muestra que la elección de Sus discípulos no fue a causa de un accidente o una coincidencia; en cambio, Jesús fue intencional en Sus elecciones. Lo que quiero decir con intencional se refleja en el hecho de que el acto de elección de los discípulos fue algo por lo que Jesús oró y planificó. Jesús fue llevado por el Espíritu Santo al desierto para orar y ayunar. En realidad, una de Sus tareas después de los cuarenta días de ayuno, fue seleccionar a los hombres que con el tiempo recibirían Su capacitación de discipulado (Mateo 4:1-19). En mi humilde opinión, a la hora de elegir candidatos para el discipulado, quienes con el tiempo se convertirán en futuros líderes, uno debe buscar la dirección del Espíritu Santo a través de la oración y el ayuno. Solo entonces uno puede seguir adelante y elegir a los que el Señor ha puesto en nuestro corazón para discipular. Observe que el primer grupo de discípulos que Jesús llamó eran pescadores. Uno podría pensar: *¡Qué manera de empezar!* Sin embargo, la historia demostraría que, aunque eran personas sencillas, ellos tomaron la decisión de seguirle y finalmente se convirtieron en «pescadores de hombres» efectivos.

A. B. Bruce, el autor del libro clásico del siglo XIX *The training of The Twelve* [El entrenamiento de los doce], describe mejor el enorme privilegio de ser elegido como aprendiz y testigo de Jesús. Él afirma:

> No se puede negar que algunos de los apóstoles eran comparativamente desconocidos, hombres inferiores; pero incluso los más desconocidos entre ellos pueden haber sido muy útiles como testigos de Él, aquellos que le habían acompañado desde el principio. No hace falta ser un gran hombre para convertirse en un buen testigo, y ser testigos de los hechos de Cristo era el principal negocio de los apóstoles.[7]

Por otra parte, si permitimos que el Espíritu nos guíe, las características de los que sean elegidos no marcarán ninguna diferencia. Creo que si hacemos nuestra parte, el Señor hará la Suya. Clinton plantea que el proceso de selección de liderazgo «es una función fundamental de todo liderazgo bíblico». Él continúa diciendo que «la selección del liderazgo se refiere a la parte humana de reconocer el potencial para el liderazgo».[8]

El discipulado intencional debe ser comprendido como una oportunidad para desarrollar futuros líderes. Ellos atravesarán diferentes fases a lo largo de su travesía; sin embargo, con la ayuda del líder tendrán éxito a cada paso del camino. Robert Clinton, en su obra *La formación de un líder*, escribe sobre seis fases a las que el líder en formación tendrá que someterse:

Fase uno: Fundamentos soberanos
Fase dos: Crecimiento de la vida interior
Fase tres: Maduración en el ministerio
Fase cuatro: Maduración en la vida
Fase cinco: Convergencia
Fase seis: Luz crepuscular[9]

Clinton afirma que cada una de estas fases «es una unidad de tiempo en la vida de una persona».[10] Por otra parte, estas fases necesitarán un líder que esté dispuesto no solo a elegir, sino a dirigir, orientar y apoyar a sus discípulos. Uno de los problemas que veo entre algunos líderes hispanos es la falta de deseo de discipular a otros. El segundo problema es la falta de sabiduría, por lo que a menudo reflejan prejuicios a la hora de elegir a los aprendices. Cuando se trata de discipulado, nuestra mentalidad hispana necesita cambiar de **accidental a intencional.** La «gran omisión» está perjudicando definitivamente el desarrollo de nuestra G. H. E. La capacitación en el discipulado tiene sus riesgos o incluso sus fracasos, pero también está llena de recompensas y éxitos. Algunos líderes hispanos no discipulan a otros porque tienen miedo al fracaso o a que la persona que ellos capacitan pueda llegar a ocupar su posición de liderazgo. Además, otros podrían optar por poner en práctica sus prejuicios al confiar en sus propios instintos, gustos y preferencias, en lugar de buscar la guía del Señor. Si usted ha sido llamado por Dios, su trabajo no es preocuparse de su propia posición, sino más bien, hacer discípulos y hacer avanzar el reino de Dios en la Tierra.

Permítanme explicar con uno de mis propios ejemplos personales. Recuerdo cuando llegué por primera vez a Estados Unidos hace muchos años. El pastor de la iglesia en la que me congregué era un líder muy dinámico; un buen predicador; un hombre de oración; un verdadero adorador; y un buen administrador. En el momento de su muerte, dejó una congregación grande con el edificio de la iglesia ya pagado y una cantidad sustancial de dinero en la cuenta de ahorros de la iglesia. Sin embargo, en mi humilde opinión, hubo un área en que me gustaría que él hubiera hecho más énfasis: el discipulado intencional. Fue solo por la gracia de Dios que un buen número de nosotros, la antigua generación emergente, encontramos el camino al ministerio. Esa es una de las razones que me ha llevado a abrazar el discipulado como una de mis principales prioridades.

Hay muchos aprendices que esperan ser seleccionados para asumir la travesía del discipulado. No debemos permitir que otras cuestiones que creemos que son importantes nos ocupen de tal forma que tomen el lugar del discipulado intencional. Nuestra próxima generación cuenta con que habrá líderes que estén dispuestos a asumir el riesgo de embarcarse en la tarea ardua pero gratificante del discipulado intencional.

Discipulado relacional

¿Se ha preguntado por qué Jesús no les preguntó a los discípulos si **querían** seguirlo? Sabemos que algunos de ellos eran discípulos de Juan (Juan 1:37), pero creemos que hay más que eso. Jesús les dijo «seguidme». La historia sería testigo de que, al menos durante los siguientes tres años, Jesús les estaba invitando a una relación mutua. Entendemos que en aquellos días, como hemos indicado anteriormente, el rabino era el que elegía. Los discípulos probablemente no se sentían dignos de tal honor; sin embargo, no podían pasar por alto la gran oportunidad de ser capacitados por Jesús. También ellos estaban conscientes de que en aquellos días, a los alumnos se les pedía que se mudaran con sus rabinos.

Si el significado del término rabino es maestro o líder, entonces, una de mis observaciones es que, en esta proposición, Jesús les expresaba: si me siguen, les doy mi palabra de que yo personalmente tendré comunión con ustedes y los capacitaré durante los próximos tres años para que sean mis discípulos de por vida. Juan, uno de los discípulos de Jesús, testificó de la relación que Jesús tuvo con Sus discípulos. Él escribe: «Y el Verbo se hizo carne, y habitó entre nosotros, y vimos su gloria, gloria como del unigénito del Padre, lleno de gracia y de verdad» (Juan 1:14). Más tarde, Juan plasmó lo que había experimentado personalmente en su relación con su rabino. Él expresa:

> Lo que existía desde el principio, lo que hemos oído, lo que hemos visto con nuestros ojos, lo que hemos contemplado y lo que han palpado nuestras manos, acerca del Verbo de vida (pues la vida fue manifestada, y nosotros la hemos visto y damos testimonio y os anunciamos la vida eterna, la cual estaba con el Padre y se nos manifestó); lo que hemos visto y oído, os proclamamos también a vosotros, para que también vosotros tengáis comunión con nosotros; y en verdad nuestra comunión es con el Padre y con su Hijo Jesucristo (1 Juan 1:1-3).

¿Por qué tenemos miedo al discipulado relacional? ¿Será porque no queremos estar expuestos a nuestros temores, defectos, fracasos o tal vez debilidades? Jesús de hecho dormía entre ellos, caminaba con ellos, comía con ellos y los capacitó. La cruz, la muerte e incluso Su resurrección no detuvieron la capacitación relacional que Jesús tuvo con Sus discípulos.

En el Antiguo Testamento vemos que Moisés estuvo dispuesto a vaciar todo en la vida de Josué, quien pudo ver lo «bueno, lo malo y lo feo» de Moisés. Elías le pidió a Eliseo que viajara con él como una forma de experimentar el discipulado relacional. De hecho, la única razón por la que Elías dejó a Eliseo fue porque el Señor se lo llevó al cielo (2 Reyes 2:11).

A menudo me pregunto si los efectos de la posmodernidad y la *poscristiandad* (la cristiandad aquí se refiere al tiempo cuando la iglesia cristiana ocupaba un papel central e influyente en la sociedad, y el mundo occidental se consideraba oficialmente cristiano) son factores que contribuyen al porqué de no procurar el discipulado relacional. Algunos de los enfoques adoptados por los líderes *poscristiandad* en realidad son reflejos de programas, espectáculos y actitudes de liderazgo seculares, los cuales distan mucho del ejemplo que Jesús nos dejó. ¿Estamos rechazando a nuestra próxima generación? ¿Pensamos que somos demasiado buenos para ellos? ¿Vemos el potencial en ellos de la misma manera que alguien una vez lo vio en nosotros? Algunos ministros y líderes laicos hispanos han tomado la actitud arrogante de las celebridades de Hollywood. Son inaccesibles, intocables y tal vez incapaces de ser enseñados. Miden el éxito mediante la observación de la asistencia del domingo en la mañana en lugar de mediante la evaluación de la cantidad de discípulos verdaderos que ellos han capacitado.

Hay una realidad que todavía tengo que entender: si nosotros como hispanos somos tan relacionales, ¿por qué tenemos miedo al discipulado relacional? Algunos invitan a la gente a su círculo solamente por su estatus y no por su potencial. Yo entiendo que las cosas han cambiado y que debemos protegernos de personas potencialmente despiadadas dentro de la iglesia que puedan poner nuestras vidas en peligro. Sin embargo, hago esta pregunta: ¿Por qué desaparecemos después de predicar un sermón titulado «La necesidad del discipulado», sin siquiera darle la mano a nuestros potenciales aprendices?

El discipulado relacional tiene beneficios, pues nos ayuda a mantener una capacitación sistemática de discipulado que permite al aprendiz relacionarse personalmente con su mentor; hacer preguntas y buscar consejo; ver a nuestro mentor como un ser humano, no como una celebridad. Los pioneros de nuestras denominaciones hispanas comprendieron la importancia del discipulado relacional. El fundador de las Asambleas de Dios Hispanas, H. C. Ball, capacitó a Bazán, quien más tarde capacitó a Girón, que posteriormente capacitó a Miranda, y la lista continúa. Lo que queremos lograr es un discipulado que no solo desarrolle conocimientos, sino también una amistad. Jesucristo estuvo tan apegado a Sus discípulos que no solo les llamó Sus discípulos, sino Sus amigos: «Vosotros sois mis amigos si hacéis lo que yo os mando» (Juan 15:14). A través de la amistad somos capaces de identificarnos con nuestra gente, como lo hizo Jesús con Sus discípulos. En su libro *Liderazgo y amistad*, Jesse Miranda afirma: «La identificación del líder con la gente es la amistad».[11] El discipulado relacional también nos permitirá trasmitir no solo nuestra herencia hispana, nuestras luchas y nuestras fortalezas, sino también nuestras hazañas. Nuestra G. H. E. está a la espera, incluso clamando por líderes que suban al cuadrilátero espiritual y que estén dispuestos a derramar su conocimiento, experiencia, tiempo, recursos y vida en ellos. Después de todo, ¿no son ellos los futuros líderes de nuestra denominación hispana?

Relación perpetua

El discipulado de Jesús es el ejemplo perfecto de un discipulado que no solo es relacional, sino también perpetuo. Desde el momento en que Él les dijo «seguidme» hasta el momento en que estuvo listo para ser llevado al cielo, la relación de Jesús con Sus discípulos fue siempre una relación perpetua. Una de las últimas palabras pronunciadas por Jesús es un testimonio del amor eterno y la preocupación que tuvo por los discípulos. Él les dijo:

> Y si me voy y preparo un lugar para vosotros, vendré otra vez y os tomaré conmigo; para que donde yo estoy, *allí* estéis también vosotros. No se turbe vuestro corazón, ni tenga miedo. Oísteis que yo os dije: "Me voy, y vendré a vosotros" (Juan 14:3, 27-28, el énfasis aparece en el original).

Jesús nunca dejó de amar, cuidar y capacitar a Sus discípulos. A pesar de que ellos lo abandonaron en muchas ocasiones, Jesús siempre se mantuvo fiel y nunca renunció a ellos. El último capítulo del Evangelio de Juan expresa el amor perpetuo y la relación que Jesús tuvo con Sus discípulos. Él fue a rescatarlos y a reenfocar su llamado:

> «Entonces, cuando habían acabado de desayunar, Jesús dijo a Simón Pedro: Simón, hijo de Juan, ¿me amas más que éstos? Pedro le dijo: Sí, Señor, tú sabes que te quiero. Jesús le dijo: Apacienta mis corderos» (Juan 21:15).

Lo que quiero decir con discipulado relacional perpetuo es que se trata de un discipulado que aceptamos conscientes de que nuestros aprendices aprenderán de nosotros en todo momento. El discipulado no es una tarea a tiempo parcial, sino relativamente a tiempo completo. No estoy hablando sobre el hecho de que podamos estar trabajando en nuestros respectivos lugares de ministerio a tiempo parcial o a tiempo completo; sino más bien que el discipulado debe ser visto como un compromiso a tiempo completo. Una relación perpetua es un compromiso perpetuo con los que Dios nos ha confiado.

Nuestra G. H. E. puede pasar por dificultades, descontentos y derrotas; sin embargo, es nuestra relación perpetua la que nunca renunciará a ellos y debe permanecer a su lado a toda costa. En la década de 1990 trabajé como pastor asociado de una iglesia llamada Fuente de Vida. El pastor principal de esa iglesia (Mizrahim Morales, mi hermano) nunca tuvo miedo de derramar su conocimiento, amistad y confianza en mi vida. Lo que aprendí bajo su ministerio me ha animado a seguir un estilo de discipulado relacional. A pesar de que los dos estamos en áreas del ministerio diferentes, todavía nos comunicamos y siempre que nos es posible, pasamos tiempo juntos.

Otra persona que ha sido uno de mis mentores es Jesse Miranda. Su mentoría comenzó el momento en que él ofició mi boda en 1985. Él me motivó y me ayudó a matricularme en Azusa Pacific University con el fin de obtener mi Maestría en Divinidad. Recuerdo que en una ocasión cuando yo quería dejar los estudios debido a dificultades financieras, él me dijo: «Maynor, no voy a permitir que abandones los estudios, y aunque tenga que pagar tus clases de mi bolsillo, lo haré. Debes terminar a toda costa». En el año 2010, él ofició nuestro aniversario 25 de bodas, y en el año 2012, asistió a la ceremonia de graduación de mi Doctorado en Ministerio. Ha sido una relación y un discipulado perpetuo; y sé que lo puedo llamar en cualquier momento, con la confianza de que siempre estará ahí para mí.

Discipulado relevante

Recuerdo la etapa en la que solía jugar un video juego llamado Pac-Man durante la hora del almuerzo. Era una emoción perseguir a la señora Pac-Man por todos lados, y ser perseguido también. Han pasado varios años y hoy en día, cuando trato de jugar o comprender los últimos juegos que mis hijas están jugando, estos constituyen un desafío y un misterio para mí. Incluso algunos juegos vienen con un libro o manual para mostrar a los jugadores cómo sacarles el máximo provecho. Otra tendencia que actualmente estoy tratando de comprender es el lenguaje que los adolescentes y jóvenes están utilizando en los mensajes de texto. Por ejemplo, hace poco descubrí que los caracteres del teclado y los signos de puntuación tienen diferentes significados en una conversación típica de mensajes de texto. Por ejemplo, la unión entre dos puntos y un paréntesis de cierre, « :) », es una abreviatura de cara sonriente. Si desea agregar una nariz a la cara sonriente, basta con añadirle un guion, « :-) ». Si desea enviar un abrazo de texto, se vería así: « (((A))) ». Si alguna vez usted recibe un texto que dice «tmbn», esto significa «también».[12]

Lo que quiero hacer ver es que los juegos, la tecnología y el uso del lenguaje varían de generación en generación. Cuando era adolescente yo nunca soñé con la posibilidad de enviar mensajes de texto a través de un teléfono celular o hacer las tareas en una computadora. Doy las gracias a mis hijas por obligarme a mantenerme al día con las nuevas tecnologías y las tendencias entre su generación. Yo utilizo las nuevas tecnologías para mi propio beneficio, pero lo más importante, para mantenerme relacionado con el contexto de la G. H. E., cuando se trata de discipulado. Tristemente, me atrevo a decir que un buen número de líderes de las generaciones anteriores no hacen suficientes esfuerzos para mantenerse al día con todas las cuestiones relativas a la próxima generación. Al no estar conectados con la generación más joven, algunos líderes tienen la tendencia a capacitar a sus discípulos mediante algunos métodos y enfoques que pueden no ser relevantes para los aprendices que están capacitando.

Cada vez que leo los Evangelios me siento muy cautivado con la relevancia con la que Jesús habló, enseñó y se comunicó con Su audiencia, y con Sus discípulos. El lenguaje, junto con ejemplos de la vida real utilizados por Jesús, demuestra que Su estilo de discipulado era relevante para Su época y para el contexto cultural de Sus discípulos. Por ejemplo, en Mateo 4:18-19, Jesús vio a dos pescadores, Pedro y Andrés, que echaban las redes al mar. Puesto que eran pescadores, Jesús les dijo: «Seguidme, y yo os haré *pescadores de hombres* [énfasis añadido]». ¿Cree usted que fue por accidente que ellos dejaron las redes y lo siguieron?

¿Por qué es entonces, que no podemos transmitir nuestro mensaje a la siguiente generación? ¿Se deberá quizás al hecho de que no entendemos su contexto y lenguaje, y tampoco su filosofía? Conocer su contexto generacional, y aprender a hablar su lenguaje, podría resultar beneficioso para quienes se dedican a capacitar a la G. H. E. ¿Qué problemas los están afectando, y cuáles son sus preocupaciones, ambiciones o metas? A menudo olvidamos que el mundo en que ellos se encuentran es complejo, en el cual existe una mezcla de oportunidades con tentaciones. Su mundo abarca una sociedad promiscua, llena de confusión política y problemas financieros, por decir lo menos. Y para añadir leña al fuego, ellos tienen que hacer frente a cuestiones relacionadas con la discriminación debido a su condición de minoría, y en ocasiones se encuentran en desacuerdo con las sociedades culturales tanto anglosajonas como hispanas.

El hecho de que seamos cristianos no significa que tenemos que ignorar estas cuestiones. Holland insta a la iglesia y a su liderazgo a no pasar por alto este problema, sino más bien a entender cuál debe ser el papel de la iglesia y el liderazgo. Afirma que

«a veces muchos cristianos "pasan por alto" el hecho de que las iglesias son instituciones sociales que reflejan las creencias, actitudes y comportamientos de la sociedad en general, siendo la sociedad misma la encarnación del bien y del mal en una matriz de confusión y conflicto individual y colectivo. El ideal de lo que la Iglesia debe ser a menudo se confunde con lo que es en realidad».[13]

Nuestra comprensión del contexto de la generación emergente nos ayudará a ajustar nuestras estrategias de capacitación. Uno de nuestros objetivos debe consistir en ayudar a desarrollar una base sólida compuesta de una fe robusta que les ayudará a sobrevivir a los futuros retos y presiones de este mundo. David Kinnaman, presidente del Grupo Barna, escribió una nota a los líderes de hoy instándolos a replantear sus esfuerzos en cuanto a capacitar adecuadamente a la próxima generación. Él afirma:

> Como líderes de hoy, creo que tenemos una responsabilidad urgente de replantear nuestros esfuerzos en nombre de la próxima generación de cristianos. Esperamos que los jóvenes seguidores de Cristo desarrollen una fe lo suficientemente fuerte que perdure e influya en quienes los rodean. Sin embargo, para muchos, su fe no sobrevive en el mundo real. En pocas palabras, no estamos preparando a los adolescentes y adultos jóvenes de hoy en día para los tipos de presión que en realidad enfrentan.[14]

¿Cuáles son las áreas que necesitamos revisar con el fin de ejercer un discipulado con relevancia? Yo puedo pensar en al menos tres áreas, que son: los problemas sociales, la espiritualidad cívica y la religiosidad.

Problemas sociales

El contexto social durante el ministerio de Jesús era hostil; lleno de opresión contra los pobres, los necesitados y las minorías.

Dondequiera que Jesús iba, dejaba una huella de amor, comprensión, cuidado, sanidad y esperanza. Alimentó a los hambrientos (Mateo 14:13-21); restauró la salud a los enfermos (Mateo 9:1-13); salvó a una mujer condenada a muerte por adulterio (Juan 8:1-11); y le devolvió la vida al hijo de una viuda (Lucas 7:11-17). Estos son solo algunos de los hechos que Él utilizó con el fin de capacitar a Sus discípulos.

Como verdaderos cristianos, debemos reconocer que el verdadero discipulado debe incluir el aprendizaje y la participación en los problemas sociales. Durante demasiado tiempo hemos aceptado la idea de que el cristianismo solo debe limitarse a la adoración, el ejercicio de nuestros dones espirituales o el evangelismo, sin involucrarnos en la comunidad. A pesar de que todo lo anterior es correcto, nos olvidamos de que parte de nuestro manual de capacitación de discipulado debe incluir involucrarnos en nuestra comunidad, conocer las necesidades de nuestra comunidad y hacer algo acerca de esas necesidades dentro de esa comunidad.

Una capacitación de discipulado relevante debe tener en mente a la comunidad que no asiste a la iglesia, porque ese es el contexto que nuestra nueva generación enfrenta actualmente. Robert Schuller, el expastor de la Catedral de cristal, da un buen consejo en cuanto a la relevancia y la comunidad. Él afirma:

> «la necesidad de la gente sin iglesia determinará nuestros programas; los problemas de la gente sin iglesia determinarán nuestra estrategia; la cultura de la gente sin iglesia determinará nuestro estilo; la población sin iglesia determinará nuestros objetivos de crecimiento».[15]

Si yo fuera a añadir una frase más a la cita de Schuller, sería: La relevancia de la próxima generación determinará nuestros enfoques de discipulado.

Tenemos que hacernos las siguientes preguntas: ¿Conocemos las necesidades de nuestra comunidad? ¿Somos conscientes de su dolor, tristeza, soledad o tal vez abandono? ¿Cuándo fue la última vez que tuvimos una conversación con el fin de encontrar la manera de involucrarnos en y con nuestra comunidad? Es fácil enviar a la gente de vuelta a sus comunidades con el evangelio en su corazón, pero sin hacer nada acerca de su condición social. Willard, en su libro *The Divine Conspiracy Continued* [La divina conspiración continúa], en referencia a las realidades sociales, escribe:

> La iglesia local no debe solo limitarse a promover la comprensión o creencia manifiesta en la disponibilidad de la vida en el reino, sino que también debe demostrar y manifestar una expresión más amplia de lo que el Evangelio puede lograr cuando se aplica directamente para influir en los asuntos de peso de nuestras realidades sociales. Estas cuestiones son cruciales y eternas, porque se ocupan de las almas eternas de los individuos dentro de nuestras familias, nuestros vecinos, nuestra sociedad y, finalmente, el mundo en general.[16]

Jesús vino a establecer el reino de Dios en la Tierra; Su reino era un reino de amor, perdón, sanidad y de provisión para los necesitados. Jesús ministró a las multitudes espiritual, emocional y físicamente, Él alimentó a las multitudes antes de enviarlos a casa (Mat. 14:21); fue movido a compasión cuando vio a una viuda llorando en su camino al cementerio para enterrar a su único hijo. La Biblia dice: «Al verla, el Señor tuvo compasión de ella, y le dijo: No llores» (Lucas 7:13). Jesús lo levantó y se lo entregó a su madre.

Uno de los grupos dentro de nuestro contexto social que necesita nuestra comprensión y participación son los indocumentados. Creo que ellos son parte del reino de Dios. Ellos tienen necesidad de nuestra ayuda. Hay que llegar a ellos, porque ellos también tienen necesidades sociales. Sus corazones están quebrantados y necesitados, no solo de escuchar el evangelio, sino más aún, necesitados de nuestro amor y compasión. En mi opinión personal, el problema social es un área que debe ser incluida en lo que respecta a la capacitación de discipulado para nuestra generación emergente. De la misma manera que Jesús se encontró con una sociedad oprimida, la iglesia hispana también ha experimentado la opresión de las minorías étnicas. Por lo tanto, como líderes, debemos saber que no es beneficioso para nuestros aprendices ignorar esta realidad. El liderazgo hispano debe desempeñar un papel vital en este esfuerzo.

Es la iglesia la que mejor puede entender y responder a estos problemas. Edwin Villafañe, en su libro *El Espíritu liberador*, comprendió este problema. Él describe el papel de la iglesia hispana como una «minoría étnica oprimida», al decir que la iglesia hispana protestante es una iglesia de una minoría étnica oprimida. Afirma que esta vive y opera bajo una iglesia y una sociedad dominantes: sin embargo, es una iglesia que en sus expresiones más activas y socialmente significativas juega un papel para los hispanos, y modela para la sociedad en general las importantes funciones de: (1) supervivencia, (2) punto de referencia, (3) salvación, (4) Shalom, (5) secretos del reino, (6) semillero, y (7) proveedor de servicios sociales.[17]

Espiritualidad cívica

Una de las citas de Jesús, que se utiliza a menudo en relación con los deberes cívicos y las finanzas es «Pues dad al César lo que es del César, y a Dios lo que es de Dios» (Mateo 22:21). Jesús entendió el dominio romano sobre Israel, y aunque respetaba las autoridades gubernamentales, Él se mantuvo fiel a Su padre. Los teólogos han dado muchas interpretaciones sobre lo que Jesús trató de comunicar. Algunos plantean que Jesús quiso decir, «Mi reino está primero, luego el del César», mientras que otros afirman que Él quiso enseñar acerca de dar a Dios lo que es de Dios y al César lo que es del César. Una cosa sé, y es el hecho de que Jesús era consciente de sus deberes cívicos, mientras estuvo en la Tierra. Él quería enseñar a Sus discípulos a obedecer a las autoridades terrenales. Pablo, en su carta a la iglesia en Roma, nos aconseja obedecer a las autoridades establecidas por Dios (Romanos 13:1-7).

¿Cuál es el papel de un líder en lo concerniente a los deberes cívicos, la política y la participación en el gobierno? ¿De quién depende? Le puedo decir personalmente que en mi capacitación de discipulado soy muy consciente de que necesitamos capacitar a la próxima generación para hacer frente a muchos problemas cívicos y políticos. Creo en la participación cívica, siempre y cuando mostremos una actitud como la de Cristo. Deseo que mis discípulos se involucren, voten y procuren obtener cargos públicos.

Durante el mandato presidencial de George W. Bush (2001-2009), nuestro Fiscal General fue John Ashcraft, un ministro de las Asambleas de Dios. Él sirvió con dignidad y sabiduría cuando Estados Unidos estaba sufriendo graves crisis por las consecuencias de los ataques terroristas del 11 de septiembre. Como líderes hispanos, tenemos que capacitar a nuestros jóvenes a apuntar alto espiritualmente, y también prepararlos para ser líderes, no solo en el contexto de una iglesia, sino también fuera de la iglesia. Como pastor y líder, yo siempre llamo a los niños los «futuros evangelistas, misioneros y pastores», pero también los «futuros abogados, médicos, senadores o incluso presidentes». Si esperamos tener 119.000.000 de hispanos en el año 2060, entonces preparemos a la próxima generación que va a ocupar un lugar en la historia en un futuro próximo.

Religiosidad

La mayor parte de los debates y falsas acusaciones contra Jesús no venían de entidades externas, sino más bien de entidades internas. Los fariseos y los saduceos estaban entre sus acérrimos enemigos. Una gran parte de los Evangelios se dedican a las respuestas de Jesús y los encuentros que tuvo con ellos. Al final, estos pidieron Su crucifixión. Jesús aprovechó cada encuentro con estas personas y mostró a Sus discípulos cómo tratar con ellos. Otro ejemplo significativo de religiosidad se encuentra en el libro de los Hechos. Durante los viajes misioneros del apóstol Pablo, sus enemigos no vienen desde fuera, sino desde dentro. Incluso, en una ocasión, sus enemigos religiosos persuadieron a la gente para matarlo (Hechos 14:19).

Me gustaría decir que esas cuestiones quedaron en el pasado; sin embargo, ese no es el caso, pues estas cuestiones todavía están muy vivas entre los cristianos. Ha habido iglesias que se han dividido debido a conflictos religiosos de poca importancia dentro de sus congregaciones o dentro de sus respectivas denominaciones. Desde el inicio de nuestras denominaciones hispanas, nosotros hemos tenido (y lamentablemente seguiremos teniendo) divisiones, incomprensiones, peleas, diferencias teológicas, legalismo e incluso discriminación. Las próximas generaciones de líderes necesitan ser capacitadas en cómo hacer frente a estas cuestiones, porque son reales, y pueden dañar el reino de Dios. El líder que opta por no capacitar discípulos sobre cómo hacer frente a estas preocupaciones les está privando de aprender lecciones valiosas que podrían resultar beneficiosas para su formación. El aprendiz desarrolla carácter y madurez al superar estas circunstancias negativas, y aprende a desarrollar perseverancia en los lugares asignados.

La primera y segunda generación de líderes hispanos dentro de nuestras denominaciones tienen que ser un ejemplo para la próxima generación. Unidad, amor y cooperación mutua es lo que el Señor nos ha llamado a impartir. Tenemos el deber de no discriminar a nadie sobre la base de antecedentes sexuales, étnicos o sociales, porque todos somos miembros del cuerpo de Cristo. La oración de intercesión del Señor por Sus discípulos fue: «Para que todos sean uno. Como tú, oh Padre, estás en mí y yo en ti, que también ellos estén en nosotros, para que el mundo crea que tú me enviaste» (Juan 17:21).

En resumen, no debemos temer a los nuevos métodos, técnicas o escenarios que son relevantes para la G. H. E. Cuando capacito a las generaciones más jóvenes, yo utilizo toda ayuda que puedo encontrar y trato de relacionar mi capacitación con su contexto. Starbucks no es mi lugar favorito para estudiar, pero si es necesario, no tengo problemas con hablar con mis aprendices allí, mientras disfrutamos de una taza de chocolate blanco caliente.

Discipulado experiencial

El Evangelio de Lucas (10:1-22) explica que el Señor envió a Sus discípulos a un viaje experiencial. Setenta de Sus discípulos recibieron instrucción y empoderamiento. Después de una advertencia de último minuto en cuanto a qué hacer y qué no hacer durante el viaje, fueron enviados para ir y poner en práctica lo que habían aprendido. Los discípulos regresaron emocionados, gozosos y listos para ir a otra misión. Yo puedo imaginármelos en su asombro mientras informaban a Jesús sobre todos los milagros que habían sucedido. Esto es lo que informaron: «Los setenta regresaron con gozo, diciendo: Señor, hasta los demonios se nos sujetan en tu nombre» (Lucas 10:17). La amable respuesta que salió de los labios de su Maestro fue:

> Yo veía a Satanás caer del cielo como un rayo. Mirad, os he dado autoridad para hollar sobre serpientes y escorpiones, y sobre todo el poder del enemigo, y nada os hará daño. Sin embargo, no os regocijéis en esto, de que los espíritus se os sometan, sino regocijaos de que vuestros nombres están escritos en los cielos. En aquella misma hora Él se regocijó mucho en el Espíritu Santo, y dijo: Te alabo, Padre, Señor del cielo y de la tierra, porque ocultaste estas cosas a sabios y a inteligentes, y las revelaste a niños. Sí, Padre, porque así fue de tu agrado (Lucas 10:18-21).

Permítame hacerle esta pregunta: ¿Cuándo fue la última vez que usted, como pastor hispano o líder laico, envió a Sus aprendices o discípulos al campo misionero? ¿Con qué herramientas, capacitación o empoderamiento usted los envía? ¿Han vuelto con gozo y diciendo «hasta los demonios se nos sujetan en tu nombre?». Lo que los discípulos de Jesús experimentaron fue discipulado experiencial en acción. Este tipo de enfoque al discipulado pasa por etapas de desarrollo en las que el discipulado experiencial se implementa. Estoy de acuerdo con las tres etapas de desarrollo del liderazgo propuestas por Clinton, y estas son:

> *Osmosis*: el líder aprende la filosofía implícita por experiencia.
> *Los pasos del bebé*: el líder descubre la filosofía explícita mediante la experiencia y la filosofía.

Madurez: el líder formula, utiliza y articula su filosofía de ministerio.

Él/ella trasmite a otras personas las ideas clave y la reflexión retrospectiva sobre la esencia del ministerio.[18]

La capacitación de discipulado no se completa hasta que los aprendices se someten a la experiencia. El significado de la palabra experiencia, de acuerdo con el Diccionario de la Real Academia Española, proviene del latín *experientia*, o «acto de intentar». Se refiere al «Conocimiento de la vida adquirido por las circunstancias o situaciones vividas».[19] El diccionario Espasa define la experiencia como «acontecimiento que se vive y del que se aprende algo».[20]

Toda la capacitación en el mundo, incluida la formación en la teoría y el conocimiento escolástico, o cualquier otra cosa, no se puede comparar con el impacto eterno de experimentar lo que se ha enseñado. ¿Se imagina que usted reciba años de teoría sobre cómo conducir, pero nunca lo pongan detrás del volante y no experimente un placentero viaje? Yo le puedo decir personalmente sobre mis primeras experiencias en cruzadas evangelísticas, donde fui testigo de endemoniados liberados, una joven sanada de sordera en su oído izquierdo, un niño mudo que empezó a hablar, personas bautizadas con el Espíritu Santo y, lo más glorioso de todo, cientos de personas que recibieron a Cristo como su Salvador. ¡Nada se puede comparar a esa experiencia!

Nuestra próxima generación de líderes tiene que ver la esencia del poder de Dios. Si nos llamamos a nosotros mismos pentecostales y estamos ministrando según los dones del Espíritu Santo, entonces llevémosles a los lugares y entornos en los que también pueden experimentar el mismo poder y unción. El Señor me ha bendecido con el privilegio de visitar varios países, y muchos estados dentro de nuestro propio país. En mi observación personal de algunas iglesias hispanas, he oído el clamor de la próxima generación. Ellos nos están diciendo: «¿pueden dejarme predicar, cantar, enseñar u orar por alguien mientras ustedes observan?» ¿Por qué somos tan egoístas a veces? ¿Por qué limitamos el potencial de nuestra juventud? ¿Por qué olvidamos que una vez estuvimos en la misma situación, y alguien nos dio la oportunidad de experimentar la esencia del ministerio? ¿Cuándo fue la última vez que usted le entregó su púlpito en un domingo por la mañana a uno de sus discípulos o le dio la oportunidad de enseñar una lección de escuela dominical? El ciclo de capacitación nunca dará la vuelta por segunda vez si no estamos dispuestos a permitir que nuestros aprendices tengan su propia experiencia.

Estoy de acuerdo con lo que James Garlow afirma en su libro *Partners in Ministry* [Socios en el ministerio], en relación con la capacitación y la experiencia:

> «Si los laicos han de involucrarse en el ministerio fecundo, la capacitación es esencial. Muchas veces he visto a pastores pedir a los laicos que cumplan funciones importantes en la iglesia sin ofrecerles ninguna oportunidad de capacitación. Eso es injusto».[21]

RESUMEN

La tarea de un líder es interminable, pero fructífera. Exige coherencia, eficacia, voluntad de enseñar lo que se enseña en primer lugar y la capacidad de mantener el rumbo sin importar el costo. Esto y mucho más se espera de un buen líder como rabino para los demás. Permítame concluir esta sección haciendo eco de la voz de Clinton en lo que respecta a un buen plan de acción por parte de un líder organizado. Él plantea:

Pida a Dios que lo haga el tipo de persona que va a demostrar estas lecciones en su propia vida...

Los líderes eficaces mantienen una postura de aprendizaje.

Los líderes eficaces valoran la autoridad espiritual como fundamento principal de poder.

Los líderes eficaces reconocen la selección y desarrollo del liderazgo como una función prioritaria.

Los líderes eficaces que son productivos durante toda la vida tienen una filosofía de ministerio dinámica.

Los líderes eficaces evidencian una conciencia cada vez mayor de su sentido de destino.

Los líderes efectivos perciben cada vez más su ministerio en términos de una perspectiva de toda la vida.

Los líderes efectivos marcan el paso.[22]

Permítame expresar mi profundo amor por el discipulado; porque está dentro de mis venas, mi corazón y mi alma. Realmente tengo fe en nuestra próxima generación. Ellos lograrán grandes hazañas para el Señor y tienen el potencial de allanar el camino para una de las manifestaciones y cosechas más gloriosas que la humanidad haya visto alguna vez antes del regreso del Señor a la Tierra. Sin embargo, antes de que ellos puedan ir y experimentar el poder de Dios en sus vidas y ministerios, primero deben ser aceptados, abrazados, debidamente mentoreados, capacitados y discipulados por nuestros líderes actuales.

El mejor legado que podemos dejar a nuestra próxima generación de líderes hispanos es el discipulado. En consonancia con el tema de los enfoques al liderazgo, vamos a pasar del discipulado al alcance. En el siguiente capítulo, exploraré la necesidad del alcance entre las diferentes generaciones hispanas y entre los emigrantes marginados dentro de Estados Unidos.

PREGUNTAS DE ESTUDIO

1. ¿Cuál es el significado de la palabra discípulo, según la palabra griega *matheteúo*?
2. Nombrar las cuatro áreas que componen el enfoque del cuadrante en el discipulado.
3. Si la elección de los discípulos de Jesús no fue a causa de un accidente o una coincidencia, entonces ¿cómo fue la elección usada por Jesús?
4. Nombre algunos de los beneficios del discipulado relacional.
5. ¿Quién es el ejemplo perfecto de un discipulado perpetuo?

PREGUNTA DE DIÁLOGO PARA GRUPOS

Basado en las cuatro áreas que componen el enfoque del cuadrante en el discipulado, compartir con su grupo los enfoques que utiliza su iglesia o denominación en el discipulado.

Capítulo 10

ALCANCE INTERGENERACIONAL

S i señaláramos un área responsable del crecimiento de la iglesia hispana en Estados Unidos, sin duda esta sería el **evangelismo**. Nos deleitamos y nos gozamos al llevar a la gente a Cristo. De hecho, esta ha sido, y seguirá siendo, la clave de nuestro crecimiento. Tanto los pastores como los líderes laicos deberían comprometerse con esta tarea. El evangelismo entre los hispanos es uno de los factores para el crecimiento continuo de nuestras denominaciones hispanas. Por lo tanto, el reclutamiento de los líderes futuros dependerá en parte de nuestra perspectiva y compromiso con la evangelización.

ALCANCE: UNA NECESIDAD URGENTE

La proyección demográfica de la población hispana futura es enorme. Se espera que para el año 2060 una cuarta parte de la población total de Estados Unidos esté constituida por hispanos. Estos datos nos dicen que, dentro de los próximos cuarenta y cuatro años, casi una de cada cuatro personas en este país será de origen hispano. Así que me pregunto: **¿Tendremos en el futuro una iglesia hispana por cada cuatro no hispanas?** Esta proyección es un recordatorio de la enorme tarea que tenemos por delante. El mandato del Señor a Sus discípulos: «Id por todo el mundo y predicad el evangelio a toda criatura» (Marcos 16:15) sigue vigente para los cristianos de hoy. Puede haber diferentes interpretaciones de esta escritura; sin embargo, una cosa está clara: millones de personas hispanas y no hispanas en los Estados Unidos y en todo el mundo necesitan escuchar el evangelio de Jesucristo.

Hace algunos años tuve la bendición de visitar la congregación del reverendo Wilfredo De Jesús, *New Life Covenant* (Pacto de nueva vida), mencionada anteriormente como la iglesia de las Asambleas de Dios más grande en Estados Unidos. Su alcance a los barrios pobres del centro de Chicago sirve como un excelente ejemplo de una iglesia que ha llevado el evangelio de Jesucristo a una comunidad necesitada. Al final del culto tuve la oportunidad de reunirme con él. Lo felicité por tener la mayor congregación de las Asambleas de Dios. También conocido como Pastor «Choco», el reverendo De Jesús nos brinda un testimonio vívido de lo que puede hacer el desarrollo del liderazgo.

Empezó con una congregación de 120 miembros. En la actualidad trabaja con una congregación de 17.000 personas, con servicios en inglés y español en un templo totalmente nuevo. Le encanta llevar el mensaje a todos aquellos que sufren en su comunidad en Chicago. Otras iglesias han nacido de la suya; una de ellas sirve hoy en día dentro de la comunidad afroamericana. Su nombre es *New Life Covenant* (Pacto de nueva vida, iglesia filial), con sede en Chicago, fundada en el año 2003. El nombre del pastor es John F. Hannah, y en el presente esta iglesia ofrece múltiples servicios en inglés a los cuales asisten miles de personas. Hace solo unos meses, el pastor Hannah puso en marcha una nueva misión, que ofrece servicios bilingües (inglés y español), destinados a alcanzar a la comunidad hispana. Actualmente el pastor de esta misión es mi hermano, el reverendo Josué Morales.

La palabra griega que se usa para evangelio es *euanguélion*, que significa «buenas noticias»; a la persona que predica el evangelio o que trae buenas noticias se le llama *euanguelistés*, «evangelista, aquel que trae las buenas nuevas». El Señor ha llamado a la iglesia a hacer discípulos, pero antes de que vengan, nosotros debemos ir a buscarlos; para traerlos a un lugar donde empiecen a caminar con el Señor. Esta es una de las razones por las cuales existe la iglesia. El evangelismo es una de las herramientas más eficaces para cumplir dicha tarea. Gene Getz, en su libro *Refinemos la perspectiva de la iglesia*, dice que la iglesia existe para:

> ...llevar a cabo dos funciones: evangelismo (hacer discípulos) y edificación (enseñarles). Estas dos funciones, a su vez responden a dos preguntas... Cuando usted pregunta: «¿Por qué existe la iglesia en el mundo?», ¡su interrogante tiene que ver con lo que Dios quiere hacer a través de Su pueblo, al entrar en contacto con el mundo no creyente! Cuando usted pregunta: «¿Por qué existe la iglesia como una comunidad reunida?», entonces su interrogante tiene que ver con lo que Dios desea que les suceda a los creyentes cuando se reúnen como miembros del cuerpo de Cristo.[1]

En nuestro espectro de evangelización hay por lo menos tres grupos que necesitan ser evangelizados. La primera generación de hispanos; la 1.5 y la segunda generación; y la tercera generación, que es la emergente. Aunque todos provienen del mismo origen étnico, cada uno de los grupos tiene características únicas. La primera generación de hispanos no evangélicos por lo general solo habla español. Sus costumbres, así como sus preferencias musicales y estilos, son diferentes a los de la 1.5 y las generaciones sucesivas. La mayoría de los miembros de este grupo tienen una formación católica romana. El siguiente grupo es la generación 1.5 y la segunda. Estos han sido capaces de asimilar la cultura latina y la anglo, la mayoría son bilingües, y comen tanto tacos latinos como hamburguesas norteamericanas.

Aunque su formación religiosa sigue siendo católica romana, no están tan apegados a ella como la primera generación. El tercer grupo es la generación emergente. Esta ha adoptado en su totalidad las costumbres y la cultura anglo, a menudo habla poco o nada de español; tiene diferentes estilos de música, y si va a una iglesia católica, lo hace más bien por tradición que por convicciones.

El propósito de esta visión general con respecto a las diferentes generaciones hispanas es simplemente mostrar el siguiente punto: necesitamos un alcance evangelístico intergeneracional y dirigido a los inmigrantes. La pregunta del lector pudiera ser: «¿Por qué debe ser intergeneracional?» o «¿Qué es el alcance intergeneracional?». Creo que el punto de partida de los líderes en desarrollo es trazarse como meta evangelizar al mundo; un mundo que incluye a todas las generaciones hispanas.

El alcance intergeneracional consiste en llegar a todas las generaciones que necesitan escuchar el evangelio de Jesucristo. Dentro del contexto de este libro, diré que el alcance intergeneracional es llevar el evangelio de Jesucristo a todas las generaciones hispanas. Como líder, me temo que no estamos capacitando a nuestra próxima generación de líderes para que sean intergeneracionales. El evangelio debe predicársele a toda persona y a toda raza. He observado que las iglesias anglo mantienen su alcance a todas las generaciones hispanas. No es raro ver departamentos hispanos (misiones o iglesias dentro de una iglesia anglo) en las iglesias anglo donde hay una comunidad hispana, mientras nosotros debatimos sobre fundar nuevas misiones dentro de nuestras propias comunidades.

Hace algunos años, una denominación hispana recibió una invitación de una anglo para abrir nuevas misiones en Alaska, un estado donde la comunidad de hispanos crecía con rapidez. Le ofrecieron sus iglesias y sus recursos a la denominación hispana, pero con una condición: ellos pedían que todas las misiones se establecieran bajo su administración y jurisdicción. Como pastor, he sido testigo de que realmente cuando nuestras generaciones 1.5, la segunda o la emergente se trasladan hacia el ambiente de las iglesias anglo, les resulta difícil comprometerse a seguir trabajando dentro de las iglesias hispanas.

Las iglesias anglo tienen buenas estructuras, más recursos, mejores instalaciones y ministerios diversificados, «algo que resulta atractivo para ese nivel más alto de expectativas transculturales de los hispanoamericanos que se adaptan socialmente con facilidad».[2] Voy a reiterar una vez más que el evangelio está destinado a ser compartido con todas las culturas de la Tierra. Sin embargo, creo que la urgencia de capacitar a los futuros líderes de nuestras denominaciones hispanas en particular es una tarea que recae sobre nuestros hombros. Es nuestra responsabilidad hacerlo. Si deseamos tener iglesias hispanas futuras, es imprescindible que obedezcamos el llamado de Dios a desarrollar la próxima generación de líderes hispanos.

No es mi intención crear resentimiento o separación entre nuestras iglesias hispanas y anglosajonas; más bien, oro para que exista una comprensión amistosa que pueda conducirnos a una cooperación saludable que traiga como resultado la comprensión y la unidad mutuas. Holland esclarece y a la vez brinda una solución a este dilema de la siguiente forma:

> Es de vital importancia que los eclesiásticos anglos evalúen a fondo la historia de su relación con las iglesias protestantes hispanas, para que reconozcan con honestidad sus numerosas deficiencias, y para

que busquen la revitalización de las actitudes, estrategias y programas que estimulen ministerios creativos y den lugar a una relación mutuamente beneficiosa entre los angloamericanos y los hispanos y sus respectivas iglesias.[3]

UNIDAD ENTRE LOS LÍDERES

Algo que me preocupa es la unidad entre los líderes que representan a todas las generaciones hispanas. Si aspiramos a lograr la gigantesca tarea evangelística que nos ocupa, tenemos que reconocer que no podemos acometerla solos. Definitivamente, nos necesitamos unos a otros, y debemos alcanzar a cada generación hispana dentro de nuestras denominaciones.

Los tiempos de ser egocéntricos, individualistas y distantes tienen que terminar. En mi experiencia personal como líder de la generación 1.5, veo la clara diferencia que existe entre la primera generación, la 1.5 y la segunda. Cada grupo generacional tiene su orgullo y a veces su propia agenda personal. Por una parte, la primera generación afirma ser de verdadero origen latino. Por otra parte, la segunda generación asevera que siente orgullo de haber nacido en Estados Unidos y de hablar el idioma local, y ambas esgrimen sus argumentos una y otra vez.

El problema que veo se basa en el hecho de que, si estas generaciones no arreglan sus diferencias, al final todo el mundo se verá afectado, incluyendo la G. H. E. Estoy preocupado con la tercera generación, que está creciendo completamente desligada de sus raíces hispanas, y de las generaciones posteriores. Mientras más desligados estén, menor será su interés en un alcance evangelista intergeneracional hispano. No perdamos el enfoque de una de nuestras misiones como denominación hispana, la cual es, llegar a los perdidos a través del evangelismo. John Stott, en su libro *Christian Mission in The World* [La misión cristiana en el mundo] lo expresó de esta manera:

El énfasis en el crecimiento es claro. Se basa en predicar, dar testimonio y hacer discípulos, de esto deduzco que la misión de la iglesia, de acuerdo con la explicación del Señor resucitado, es exclusivamente una misión de predicación, de conversión y de enseñanza».[4]

Lo que proponemos aquí es una doble solución: una es asumir un enfoque de alcance sobre la brecha generacional. Tenemos, en nuestras propias denominaciones hispanas, ministros de segunda generación que son completamente bilingües, biculturales y de doble vocación. También tenemos un gran número de líderes y de ministros de la primera generación que tienen pasión y experiencia. Estos dos grupos pueden capacitar a las generaciones emergentes para que logren un alcance intergeneracional eficaz. Recordemos que, fuera de la iglesia hay miles de no creyentes que necesitan ser salvos. La otra propuesta es el alcance a los indocumentados, incluyendo los que ya están y los que en un futuro llegarán a Estados Unidos.

ALCANCE INMIGRACIONAL

Este grupo, los inmigrantes, se compone de la primera generación de hispanos que llega a Estados Unidos, incluyendo los indocumentados. Los informes extraoficiales nos dicen que aproximadamente 12.000.000 de indocumentados residen en el país, y que en el futuro llegarán más. Entre todas las personas, nuestras iglesias necesitan alcanzar a este grupo cada vez mayor. La falta de participación intencional hacia este grupo oprimido trae

pesar a mi corazón y espíritu. Permítanme compartir esta historia personal:
En la ciudad capital de Guatemala, en Centroamérica, en el 2005, un pandillero extorsionó a una pareja cristiana. El líder exigió alrededor de cincuenta mil quetzales ($6600 en moneda local) en un plazo de unos pocos días. Si la pareja no cumplía con esto, entonces algún miembro de la familia sería asesinado. Con gran sacrificio y dificultad, el padre fue capaz de pagar la suma de dinero. Sin embargo, para su sorpresa, la banda pidió otro rescate de cincuenta y cinco mil quetzales ($7300 USD). El padre trató de negociar con el líder de la banda; le pidió que redujera la cantidad porque no tenía el dinero en efectivo. La respuesta del líder fue: «¡Tiene diez días para traerme el dinero, y esa es mi última palabra!». El padre no tenía el dinero. Era consciente de que la pandilla conocía los pormenores de cada miembro de la familia. Vendió su pequeño negocio (una tienda de libros cristianos), y después que le negaron la visa para viajar a Estados Unidos, tomó una de las decisiones más peligrosas y difíciles: viajar miles de kilómetros a través de México, con la esperanza de cruzar la frontera como indocumentado. Su principal objetivo era salvar a su familia de la muerte.
    Este escenario es solo uno de los muchos que hacen que las familias de México, Centro y Sudamérica decidan viajar a Estados Unidos de América; no para vender drogas, o cometer actos delictivos como muchas personas quieren hacernos creer, sino más bien para sobrevivir a las enormes crisis que enfrentan nuestros países latinoamericanos. Lamentablemente, muchos de estos casos tienen una alta probabilidad de terminar en una tragedia espantosa.
    Esteban y su familia, después de cruzar la frontera entre México y Estados Unidos guiados por un «coyote» (traficante de personas), se encontraron en un terreno desconocido en medio de la noche, sin agua ni alimentos. María, su esposa, comenzó a deshidratarse, pero el coyote ignoró su petición de agua; en lugar de eso dijo:

«Sigue caminando hasta que lleguemos al próximo pueblo». Más adelante María y su hija Ana encontraron un pequeño charco; aunque el coyote les dijo que esa agua era solo para las vacas, María y su hija no podían esperar más. Habían estado caminando durante cinco días y el dolor y la sed fueron más poderosos que el peligro de beber agua contaminada. Ambas bebieron agua del canalete, sin darse cuenta de que el agua contaminada estaba llena de bacterias. Unas horas más tarde María entró en un estado de shock, y dieciocho horas después de beber el agua contaminada, murió en medio de la noche, en un lugar desconocido.

Esteban se enfrentó al lamentable dilema de permanecer junto al cuerpo de su esposa o de continuar el viaje. Apesadumbrado, con lágrimas en los ojos, y sin palas disponibles, él, sus dos hijas, su hijo y su yerno enterraron a su esposa y madre con sus propias manos, usando solo una lata vacía. Les tomó más de cinco horas abrir una zanja lo suficientemente larga y profunda para poner el amor de su vida y madre de sus hijos en la tierra. Después, siguieron caminando en medio de la noche, esta vez solos porque el coyote desapareció, dejándolos varados en su viaje, totalmente exhaustos. Después de una breve siesta, lograron ver una luz más adelante, y al caminar en esa dirección se encontraron con un pozo de petróleo. Se les dio comida para comer y agua para beber. Tan pronto como llegaron, una de sus dos hijas comenzó a padecer de los mismos síntomas que habían causado la muerte de su esposa. Vino una ambulancia, trataron a su hija y gracias a Dios, sobrevivió. Sin embargo, fueron entregados a las autoridades de inmigración. Con la ayuda de un oficial de la Aduana de Estados Unidos, volvieron al lugar donde su esposa había muerto y desenterraron el cuerpo.

A Esteban, sus dos hijas, el hijo y su yerno se les concedió un visado temporal humanitario y les permitieron enterrar los restos de María por segunda vez; pero no en un lugar desconocido, sino en un cementerio en el estado de California. Esteban y yo hemos sido amigos desde 1970, cuando todavía vivíamos en

Guatemala. Cuando oí la noticia, asistí al funeral. Justo antes del entierro, Esteban me hizo una pregunta que nunca olvidaré. Me dijo: «Maynor, usted es un pastor, así que es el más indicado para responderme. Si yo estaba huyendo de la muerte, ¿cómo es posible que me la encontrara en medio del desierto? Me quedé sin palabras, y lo único que pude decir fue: «Esteban, no sé la respuesta; sin embargo, la Biblia dice: "Y sabemos que para los que aman a Dios, todas las cosas cooperan para bien, esto es, para los que son llamados conforme a su propósito"» (Romanos 8:28).

Quizás las generaciones posteriores no se den cuenta de las luchas de sus antepasados; por lo tanto, nos corresponde compartir con ellos la historia de nuestra travesía a Estados Unidos. También es fundamental tener en cuenta el hecho de que todas las generaciones hispanas necesitan escuchar el evangelio de Jesucristo. El evangelismo es un componente vital para el alcance efectivo que con el tiempo produce el crecimiento de la iglesia. Si tuviéramos que señalar un área responsable del crecimiento hispano en Estados Unidos, sin dudas sería el evangelismo.

He compartido esta historia personal para hacer la siguiente observación: todos los días cientos de seres humanos cruzan las fronteras de Estados Unidos por diversas razones y solo Dios sabe la razón exacta de por qué lo hacen. Los medios de comunicación, e incluso el gobierno, afirman que tenemos por lo menos 12.000.000 de indocumentados en el país, con cientos de ellos que cruzan la frontera a diario. Me gustaría que las denominaciones hispanas y anglo sean más proactivas a favor de nuestros indocumentados. He sido testigo de la falta de apoyo y amor hacia ellos entre diversos cristianos conservadores. Algunos cristianos han empezado a exigir su expulsión y a veces usan una frase ofensiva y despectiva como *wetbacks* («espaldas mojadas»; esta es una frase ofensiva para los hispanos indocumentados). Le pido a Dios que nuestra próxima generación de líderes hispanos nunca se olvide de que algunos de sus antepasados eran indocumentados cuando llegaron por primera vez a Estados Unidos.

Es vital recordar que este grupo de personas fundaron algunas de nuestras iglesias. Este tipo de comportamiento y actitudes por parte de los cristianos antes mencionados ciertamente no demuestran el amor de Dios. Sí, somos conscientes de que ellos han violado la ley; sin embargo, ¿cuáles son las instrucciones que Dios nos da en cuanto a este asunto? La Biblia, en el libro de Levítico (19:33-34, NVI) nos enseña cómo tratar a los indocumentados:

> «Cuando algún extranjero se establezca en el país de ustedes, no lo traten mal. Al contrario, trátenlo como si fuera uno de ustedes. Ámenlo como a ustedes mismos, porque también ustedes fueron extranjeros en Egipto. Yo soy el Señor y Dios de Israel».

Creo que los inmigrantes necesitan ser recibidos y nunca excluidos. Nuestras denominaciones y sus iglesias tienen la obligación de llegar a ellos.

La mejor manera de tratar a los inmigrantes latinos, ya sean legales o indocumentados, es abrir los brazos y aceptarlos tal y como son. Miroslav Volf, en su libro *Exclusion & Embrace* [Exclusión y aceptación], argumenta en contra de la exclusión al presentar algunas de las razones por las que excluimos. Él escribe:

> También excluimos porque estamos incómodos con cualquier cosa que disipa los límites aceptados, perturba nuestras identidades y desordena nuestros esquemas culturales y simbólicos (Douglas 1996). Otros nos golpean como objetos que están «fuera de lugar», como «suciedad» que es necesario eliminar con el fin de restablecer el sentido de propiedad

a nuestro mundo... Nosotros asimilamos o expulsamos a los extraños para evitar esa amenaza percibida de aguas caóticas que rápidamente se avecinan.[5]

Recibir, no excluir

Permítanme darles algunas razones de la necesidad de recibir a los indocumentados en lugar de excluirlos.

Debemos aceptarles porque son víctimas de la agitación política, las guerras civiles, el abuso, la persecución e incluso la muerte

Los factores económicos juegan un papel importante en cuanto a por qué sienten que ya no pueden sobrevivir en su país de origen. Un vistazo rápido a la historia de México, América Central y América del Sur respecto a las conquistas que tuvieron lugar en el sur de las fronteras de Estados Unidos, desde México hasta América del Sur, dará testimonio de que los latinos han sido objeto de muchas conquistas.

Numerosos conflictos se han producido en los países de América Latina, lo que provoca una migración masiva hacia Estados Unidos. Tomemos a Guatemala como un ejemplo. Este país es uno de los cinco que conforman América Central. La Guerra Civil local, que estalló en medio del siglo XX, preparó el camino para que miles de refugiados políticos escaparan al norte, temiendo por sus vidas. Miles de refugiados llegaron a Estados Unidos como consecuencia de la Guerra Civil de Guatemala, que trajo como resultado la muerte y desaparición de al menos 75.000 personas.[6] El malestar social y político desencadenó una guerra civil y una revuelta en Guatemala, El Salvador y Nicaragua, que dejó miles de muertos y otros más que decidieron emigrar a

Estados Unidos. Juan González escribe que, en la década de 1980, todos estos países estaban:

> ... envueltos en guerras... Solo en El Salvador quinientas personas al mes eran masacradas por los escuadrones de la muerte. La matanza hizo que una gran cantidad de refugiados huyeran a través de la frontera mexicana...[7]

Un enorme porcentaje de inmigrantes indocumentados procedentes de países de América Central no está aquí para romper la ley o para traficar drogas, más bien son refugiados políticos que solo buscan sobrevivir. Leo R. Chávez en sus estudios de caso sobre la antropología cultural, titulados *Shadowed Lives: Undocumented Immigrants in American Society* [Vidas ensombrecidas: Los inmigrantes indocumentados en la sociedad norteamericana], asevera que un gran número de inmigrantes indocumentados de Centroamérica están aquí por razones políticas. Él afirma: «La mayoría de los salvadoreños, guatemaltecos y nicaragüenses mencionó una razón para venir a Estados Unidos que incluye una referencia a la agitación política que sus países estaban experimentando...».[8]

Los inmigrantes hispanos en Estados Unidos se enfrentan ahora a un dilema que les recuerda la inestabilidad política que sufrieron en sus propios países de origen. Uno de los mayores debates que ahora tiene una prioridad sin precedentes es aquel de los extranjeros indocumentados. El mayor argumento se centra en los inmigrantes que han cruzado la frontera sin un visado correcto. Quienes están familiarizados con las instrucciones y los requisitos para adquirir una visa de turista, de estudiante o de trabajo con el objetivo de entrar a Estados Unidos pueden atestiguar que el consulado de este país niega dichos visados constantemente, en especial a los pobres, los necesitados e incluso las víctimas de la persecución política y las amenazas.

Muchos inmigrantes indocumentados se embarcan en un viaje hacia Estados Unidos solo después de experimentar el fracaso de adquirir una visa. Cuando se les niega, y tienen que enfrentar los abusos políticos, las amenazas de muerte y el temor por sus vidas, la mayoría de ellos no tienen otra opción que cruzar la frontera para sobrevivir. Mi amigo, cuya esposa murió al tratar de cruzar la frontera, había solicitado una visa en Guatemala, pero lamentablemente se la negaron.

Los pobres y los afligidos entre aquellos que desean emigrar tienen pocas posibilidades de obtener una visa de Estados Unidos. Temerosos por los efectos negativos de la inmigración ilegal, los estados más afectados, como Arizona, han dictaminado leyes migratorias mucho más fuertes, como la Ley de Arizona SB1070 de 2010, que directamente afecta, discrimina, encarcela y deporta a los inmigrantes indocumentados.[9]

En este mismo momento, mientras esperamos las elecciones de noviembre de 2016, los inmigrantes indocumentados son fácilmente sometidos a la discriminación, al abuso laboral, y más aún, se utilizan a menudo como chivos expiatorios de la política. Un determinado partido político parece favorecer las reformas migratorias, pero cuando tiene la oportunidad de aprobarlas, las relegan a un segundo plano. Por el contrario, la otra parte utiliza la reforma migratoria, como uno de los principales problemas para la deportación masiva de indocumentados. La verdad en cuanto a la inmigración indocumentada reside en el hecho de que no todos los indocumentados que cruzan la frontera son delincuentes, narcotraficantes o fugitivos de la ley, sino más bien víctimas del abuso político, la persecución y, por último, pero no menos importante, **las dificultades financieras.** Por lo tanto, nosotros como cristianos debemos acogerlos y ofrecerles una mano amiga.

Los inmigrantes hispanos deben ser aceptados, y no deben ser excluidos debido a su estatus socioeconómico

Otro factor que obliga a los inmigrantes indocumentados a emprender un viaje riesgoso y en ocasiones mortal hacia Estados Unidos es el factor socioeconómico. Las condiciones socioeconómicas, tales como los salarios bajos (no es extraño ver que a un trabajador se le pague solo tres o cuatro dólares por día), la alta mortalidad infantil, baja esperanza de vida y la pobreza, son importantes factores que los obligan a emigrar hacia el norte. Cuando se trata de su condición socioeconómica, los inmigrantes latinos indocumentados enfrentan sus mayores desafíos. Sus niveles de pobreza, el desempleo y las condiciones de salud están aumentando rápidamente. Las realidades a las que se enfrentan no son diferentes de aquellas que enfrentó el pueblo de Israel durante los tiempos de Jesús. La pobreza, la discriminación, el hambre y el abuso político predominaban en los tiempos en que Él estaba en la Tierra. Jesús siempre mostró compasión, amor y protección hacia los pobres y los necesitados.

No debemos excluirlos, sino amarlos, porque son niños pequeños de Dios

Hay una nueva oleada de inmigrantes que llega a Estados Unidos. Esto ha sido noticia en los últimos meses; se trata de un grupo que no está compuesto por adultos sino por **niños que vienen sin la compañía de algún familiar.** El año pasado tuve la oportunidad de visitar uno de los lugares que alberga a algunos de los niños latinos. Sus historias me ratificaron que muchos de ellos han emprendido el largo y peligroso viaje desde su país hacia Estados Unidos solos o con pequeñas hermanas o hermanos; es desgarrador. Me dijeron que había una niña de nueve años de edad, que vino con su hermana de once años; y una madre de 16 años que hizo el viaje con su bebé, de solo seis meses. La verdad es que no puedo entender cómo o por qué los padres permiten que sus hijos emprendan un viaje tan peligroso. Estos frágiles niños pueden convertirse fácilmente en víctimas de delitos que incluyen el abuso sexual. En 2014, un artículo de Pew Research informó con respecto a esta situación:

> Un número récord de niños no acompañados han sido detenidos a lo largo de la frontera entre Estados Unidos y México desde octubre; es una afluencia tan grande que el presidente Obama la ha calificado como una «situación humanitaria urgente». Para brindar albergue a tal cantidad de niños las bases militares en California, Texas y Oklahoma, además de una instalación en Arizona han abierto refugios de emergencia. Este viernes el Departamento de Justicia de Estados Unidos dio a conocer un nuevo programa de ayuda legal de $2.000.000 de dólares para ayudar a los niños frente a las cortes de inmigración. Entre el 1 de octubre de 2013, y el 31 de mayo de este año, 47.017 niños no acompañados y menores de 18 años que viajan sin un padre o tutor fueron detenidos, según Aduanas y Protección Fronteriza de Estados Unidos. Esa cifra es casi el doble del número del último año fiscal (24.493 detenciones) a cuatro meses de concluir el presente año fiscal. Un estimado extraoficial del gobierno estima un alza de 90.000 casos en los proyectos de detención en el 2014, casi cuatro veces más que el año anterior.[10]

Podemos discutir sobre sus motivaciones, o el irrespeto a las leyes o al juicio. Sin embargo, no podemos discutir en cuanto al hecho de que ya están aquí y necesitan nuestro amor y ayuda. Este grupo de niños necesita a Jesucristo. Sus traumas y cicatrices solo pueden sanarse a través del amor que fluye de aquellos que reconocen que estos pequeños son también parte de la creación de Dios. A ellos también les hace falta escuchar el evangelio de Jesús.

Glen Stassen y David Gushee, en su libro *La ética del reino*, explican que Jesús siempre va a cuidar de los pobres y los necesitados. Ellos dicen:

> Observamos cómo Dios siente profunda compasión por los pobres y los marginados cuando vemos cómo Jesús decía que Dios está trabajando para liberar a los desposeídos de la miseria y la injusticia que experimentan. Vemos esto en la forma en que Jesús y los discípulos alimentaron a los pobres, en la manera en que la iglesia primitiva se preocupaba por los pobres y en la forma en que algunas iglesias cuidan de los pobres hoy en día.[11]

Los hispanos indocumentados deben ser aceptados, y no excluidos, porque son creación de Dios y precisan amor, cuidado y de brazos abiertos que los reciban

Los indocumentados que viven en Estados Unidos a menudo son víctimas de la discriminación, los prejuicios y la intolerancia. Algunos individuos los ven como intrusos, criminales, traficantes de drogas, y cuando menos, como gente falta de educación y modales. En consecuencia, estas personas argumentan que los indocumentados no son dignos de permanecer en la tierra de los libres, Los Estados Unidos de Norteamérica. Aunque todo el mundo tiene derecho a su propia opinión y juicio, lo que me rompe el corazón es ver cómo mis hermanos cristianos los estereotipan, los discriminan y no tienen ninguna tolerancia para con ellos. Simplemente les resulta fácil pedir que los expulsen para resolver el problema.

A medida que nos preparamos para las elecciones presidenciales de 2016, siento pesar en mi corazón cuando escucho a algunos de los candidatos potenciales, que afirman ser cristianos nacidos de nuevo, pidiendo que los indocumentados sean deportados y enviados de vuelta a sus países, sin piedad ni preocupación por su bienestar o la desintegración de sus familias. A menudo me pregunto si estos enfoques son aceptables ante los ojos del Señor. Mi preocupación no tiene que ver con la ruptura de la ley, puesto que es un hecho; lo que me preocupa es que los líderes cristianos no vean a estas personas con amor y compasión, como sus hermanos en el Señor o como potenciales creyentes para el reino de Dios.

Tal vez las palabras de la obra de Willard *The Divine Conspiracy Continued* [La divina conspiración continúa], en referencia al amor y la compasión, están en lo cierto; él apunta:

> **«Tenemos que ser capaces de valorar y amar a las personas como son, estemos de acuerdo o no con sus decisiones o puntos de vista. Sobre todo, debe interesarnos su prosperidad y los bienes que contribuirán a su florecimiento»** [énfasis añadido].[12]

Como cristianos, debemos ofrecer ayuda a los indocumentados. Todos debemos estar a la vanguardia en la lucha contra la discriminación y el prejuicio. Esto debe ser una preocupación para los líderes locales, incluyendo aquellos que son hispanos. Debemos mostrar amor y no odio, inclusión, no exclusión. La iglesia ha sido llamada para demostrar el amor de Dios y enseñar a las generaciones más jóvenes la esencia del verdadero liderazgo cristiano. Que el Señor nos ayude a ser luz en la oscuridad y una mano amiga para aquellos que son víctimas de la discriminación.

Ya casi al final de esta sección, nos daremos cuenta de que aquellos de nosotros que profesan ser cristianos verdaderos en realidad no tenemos otra opción que la de acoger, amar y cuidar a los latinos inmigrantes indocumentados simplemente porque son creación de Dios. Son un pueblo con la necesidad extrema de ser aceptados y no excluidos. ¿Qué es lo que provoca que nos alejemos tanto de lo que siente Dios en Su corazón cuando se trata de argumentos sobre las leyes y los derechos de la gente? ¿Por qué no somos capaces de comprender el amor universal de Cristo por Su creación sin importar la raza, el color de piel, o incluso el estatus legal? Pablo, en sus argumentos en contra de la discriminación y las barreras raciales, nos alerta precisamente contra tales prácticas, que no son las de Cristo. Pablo arremete contra este tipo de discriminación cuando escribe a los Gálatas, que todos somos uno en Cristo, judío o griego, esclavo o libre. Cuando se trata de Cristo, todos somos uno en Él, y eso incluye a los indocumentados. «No hay judío ni griego; no hay esclavo ni libre; no hay hombre ni mujer; porque todos sois uno en Cristo Jesús» (Gálatas 3:28).

Es esencial que los líderes hispanos dentro de Estados Unidos aprendan a recibir a los inmigrantes latinos en sus corazones, de la misma manera que Cristo nos ha aceptado como Suyos. Los enfoques mundanos que algunos de nuestros hermanos cristianos emplean contra los latinos indocumentados y documentados afligen mi corazón. Algunos cristianos objetarán que Levítico 19:33-34, cuando se refiere a la forma en que se debe tratar a los extranjeros, no incluye los extranjeros ilegales, sino más bien a los legales. El enfoque de Jesús hacia los pobres y necesitados nunca fue discriminatorio ni condenatorio, sino más bien de amor y de perdón. La mejor manera de tratar a los inmigrantes latinos, ya sea legales o indocumentados, es abriendo los brazos y recibiéndolos tal y como son, y al hacerlo, compartir las buenas nuevas de Jesucristo.

LA POBLACIÓN HISPANA ES UNO DE LOS CAMPOS MISIONEROS MÁS GRANDES EN ESTADOS UNIDOS

> Jesús recorría todos los pueblos y aldeas enseñando en las sinagogas, anunciando las buenas nuevas del reino, y sanando toda enfermedad y toda dolencia. Al ver a las multitudes, tuvo compasión de ellas, porque estaban agobiadas y desamparadas, como ovejas sin pastor. «La cosecha es abundante, pero son pocos los obreros —les dijo a sus discípulos—. Pídanle, por tanto, al Señor de la cosecha que envíe obreros a su campo (Mateo 9:35-38, NVI).

Los inmigrantes latinos, en especial los indocumentados, por lo general llegan a Estados Unidos sin equipaje, sin dinero, e incluso sin documentos en sus manos. Sin embargo, les es imposible deshacerse del equipaje que poseen dentro de sus corazones. Cruzar la frontera es un proceso doloroso en el que sufren dolor emocional y problemas financieros. Dejan atrás sus casas, familias, amigos y parientes con un único objetivo en mente: la supervivencia. Leo Chávez en su libro *Shadowed Lives*... [Vidas ensombrecidas...] cita a G. Frank con las siguientes palabras tan apropiadas para describir mejor los riesgos de la separación, la ansiedad y los peligros que acechan a los inmigrantes al intentar cruzar la frontera:

> Cuando un miembro de la familia emigra hacia Estados Unidos, los parientes que deja atrás experimentan una ansiedad justificable en cuanto a los peligros potenciales de la travesía. El peor

escenario es que la persona caiga herida o muerta y que la familia en su casa nunca reciba la notificación. Estos no son temores infundados. Los indocumentados que cruzan la frontera a menudo no llevan ningún tipo de identificación, de tal manera que si los descubren puedan usar un nombre falso y así evitar que su detención sea registrada. Pero esto también dificulta la identificación de la persona en el caso de un accidente. El cruce de la frontera está lleno de peligros. Bandidos de ambos países roban, violan e incluso matan a los migrantes confiados que cruzan la frontera sobre las colinas y a través de los cañones (Frank, 1979).[13]

Un vistazo rápido a las experiencias personales, los problemas, los sufrimientos, incluso la discriminación, los abusos sexuales y físicos a los que los inmigrantes indocumentados son sometidos al cruzar la frontera o después de llegar a Estados Unidos, nos brinda quizás una de las mejores oportunidades para participar en el ministerio de la misión local. Tal ministerio tiene el potencial de convertirse en uno de los mayores ministerios locales de la misión. ¿Por qué? Vamos a explorar algunas de las razones.

Los inmigrantes latinos vienen a Estados Unidos con la necesidad de ser sanados

Comprender las necesidades de los inmigrantes latinos es una herramienta vital que puede sanar sus corazones heridos. Los latinos documentados o indocumentados vienen a Estados Unidos con un corazón herido que necesita sanidad. Si los consideramos como nuestros enemigos nunca serán sanados, y pudiéramos perder la oportunidad de llevarlos al conocimiento de Jesucristo. Incluso si nosotros, como cristianos, considerásemos a los inmigrantes latinos indocumentados como nuestros enemigos (que no lo son), debemos participar en el ministerio de curar sus heridas, para consecuentemente encontrar a Dios en ellos. Walter Wink, en su libro *Engaging the Powers* [Enfrentando a los poderes], nos desafía a mirar más allá de nuestros enemigos y encontrar a Dios en todas las personas. Él dice:

> «Yo opino que la pregunta religiosa más importante de estos días ya no debe ser aquella de la reforma, ¿Cómo puedo encontrar a un Dios misericordioso?, sino: ¿Cómo podemos encontrar a Dios en nuestros enemigos?».[14]

El dolor que la mayor parte de los inmigrantes llevan en su interior es algo desgarrador y su estado emocional, a veces es insoportable. Algunos de ellos vienen a nosotros con sueños rotos, corazones heridos. Muchas mujeres a menudo son violadas y obligadas a prostituirse para pagar el cruce de la frontera. En el momento en que arriban a Estados Unidos, su autoestima es muy baja, y su esperanza de tener éxito se ha desvanecido. Necesitan más que una terapia familiar; necesitan **terapia para sus almas**. McGoldrick y Hardy, en su libro *Re-Visioning Family Therapy* [Reimaginar la terapia familiar], narran la experiencia dolorosa de una mujer chilena que dejó atrás a su hijo de siete años:

> Una mujer chilena, que llevaba un pañuelo en la cabeza y bastante demacrada, se sienta con su marido y su niño de 2 años en mi oficina. Esta madre perdió todo su cabello poco después de dejar a su hijo de 7 años, fruto de un matrimonio anterior, al cuidado de su propia madre en Chile. Desde entonces, ella afirma: «Mi *alma* está enferma de cáncer» [énfasis añadido]. Ella tiene la foto, boca

abajo, de su hijo, en un cajón y no soporta la idea de llamarlo por teléfono, su sufrimiento emocional es demasiado intenso.[15]

Nuestro Señor Jesucristo vino a sanar a los quebrantados y a los heridos. Jesús no conocía fronteras, color de piel o raza, y antes de hacer un milagro nunca preguntó lo que nosotros hoy le preguntamos a los inmigrantes: ¿Eres legal o ilegal? Cristo simplemente iba y sanaba a todos. De la misma manera, el Señor nos ha llamado a sanar a los quebrantados de corazón. Cuando Jesús regresó de Sus cuarenta días de ayuno, listo para llevar a cabo Su ministerio, Él dio a conocer cuál era Su misión en la Tierra mediante la lectura de un pasaje del libro de Isaías. Cristo leyó: «El Espíritu del Señor DIOS está sobre mí, porque me ha ungido el SEÑOR para traer buenas nuevas a los afligidos; me ha enviado para vendar a los quebrantados de corazón, para proclamar libertad a los cautivos y liberación a los prisioneros» (Isaías 61:1). Cuando el Espíritu del Señor está sobre nosotros, vemos a los inmigrantes latinos indocumentados no como una amenaza que necesita ser deportada, sino más bien como almas rotas que necesitan sanidad a través de la unción del evangelio de Jesucristo. Debemos separarnos del evangelismo selectivo y avanzar hacia uno que sea relacional.

Los inmigrantes latinos vienen a Estados Unidos como gente pobre que necesita una mano amiga

Cuando los inmigrantes reciben la devastadora noticia de que les han negado su petición de visado, no solo su mundo es destrozado, más aún, su estado financiero se derrumba. Algunos inmigrantes llegan a pagar hasta $10.000 dólares solo para cruzar la frontera. Reciben préstamos en sus países de origen con una tasa muy alta de interés; pueden tardar años en pagar tales préstamos.

Los inmigrantes venden todo lo que pueden para financiar su viaje hacia Estados Unidos. No solo tienen sus corazones destrozados cuando llegan, sino que también están arruinados, hambrientos, sedientos, solos y en una apremiante necesidad de ayuda. Un artículo publicado por el Centro de Investigación de Políticas Latinas en la Universidad de California, Berkeley, informa cuán dispuestos están los inmigrantes guatemaltecos a pagar a los coyotes para cruzar la frontera hacia Estados Unidos:

> El recrudecimiento de las políticas de control fronterizo de Estados Unidos desde el 11 de septiembre supone que la mayoría de los guatemaltecos pagan a los coyotes entre $5000 y $10.000 para llegar a la frontera, y un adicional de $1500 para cruzarla. El viaje está lleno de peligros, y la mayoría de los migrantes son víctimas de robos por parte de sus propios «guías» o sufren algún tipo de abuso físico por parte de bandas callejeras o agentes de seguridad. Los medios de comunicación guatemaltecos y mexicanos también están llenos de historias de migrantes transportados ilegalmente en contenedores, que mueren por asfixia o deshidratación.[16]

Una mano amiga es muy necesaria porque no todos los inmigrantes tienen familiares en los Estados Unidos; esto crea una gran necesidad para el ministerio, ya que recurren a la iglesia en busca de ayuda. Hacer caso omiso de su clamor por ayuda es hacer que ignoremos a Jesucristo. Ayudas sencillas, tales como alimentos, ropa y refugio, cuando menos, es tal vez un punto de partida para comenzar el ministerio local con los inmigrantes latinos indocumentados. No podemos permitir que se pierda la oportunidad única de abrirles un evangelio práctico y relacional.

Este evangelio no debe limitarse solamente a la predicación, sino que debe incluir un evangelio que sigue con un acto humano y compasivo de amor hacia todos los inmigrantes.

César Chávez era hijo de inmigrantes de México, que vivían en Yuma (Arizona) durante la década de 1930. Sus padres tenían una granja, pero la perdieron en 1938 y se trasladaron a California. Vivían en una tienda de campaña y en malas condiciones, a veces incluso vivían dentro del auto familiar. César creció con un espíritu de lucha, y poco después de ver las condiciones y los abusos sufridos por su pueblo, los trabajadores migrantes llamados «Braceros», que no tenían seguro médico, soportaban el trato inhumano, y recibían salarios míseros, se embarcó en una travesía con un solo objetivo en mente: la organización de los trabajadores agrícolas en un movimiento no violento que les concedería dignidad y respeto. Tal objetivo se logró cuando se estableció un sindicato llamado United Farmers Workers Union [Sindicato de trabajadores unidos de la agricultura. UFWU, por sus siglas en inglés][17]. Si un activista sindical fue capaz de lograr tal empresa, nosotros, como cristianos estamos llamados a hacer mucho más a favor de los pobres.

En una ocasión Jesucristo sorprendió a Sus seguidores al decirles que cada vez que ayudamos a los pobres y a los necesitados lo estamos haciendo como para el Señor. Él lo expresó así:

> Porque tuve hambre, y me disteis de comer; tuve sed, y me disteis de beber; fui forastero, y me recibisteis; estaba desnudo, y me vestisteis; enfermo, y me visitasteis; en la cárcel, y vinisteis a mí. [...] En verdad os digo que en cuanto lo hicisteis a uno de estos hermanos míos, aun a los más pequeños, a mí lo hicisteis (Mateo 25:35-40).

Jesucristo quiere que nos juntemos con Él en las misiones, en el amor y en el cuidado de los pobres. Si queremos llegar a los inmigrantes indocumentados en nombre de Cristo, entonces debemos trabajar juntos en armonía, como un cuerpo de creyentes y no como una entidad políticamente dividida. Los inmigrantes latinos indocumentados necesitan una transformación. De hecho, sus corazones, almas, espíritus e incluso su estado financiero, requieren una transformación, la cual empezará a tener lugar solo cuando estemos dispuestos a acogerlos en vez de aislarlos. Jesús nos ordenó: «Ama a tu prójimo como a ti mismo» (Mateo 22:39). Brying L. Mayers, en su libro *Caminar con los pobres*, habla con claridad de la transformación a través de la relación, por medio del amor y el cuidado a los pobres en este pasaje:

> Este es un mandamiento que trata sobre las relaciones, no sobre la ley; se refiere a aquellos a los que tenemos que amar y no lo que nosotros creemos que debemos hacer. Este mandamiento debe ser la motivación principal de nuestro enfoque para el desarrollo transformador. Es a la vez nuestro motivo para ayudar a los pobres y el punto de partida de lo que significa una comprensión bíblica de la transformación: relaciones correctas y justas.[18]

Es de extrema importancia comprender las verdades básicas en cuanto al evangelio y los pobres: el asunto es que los pobres son más abiertos al evangelio, y los necesitados están más dispuestos a entregar sus corazones al Señor. Si queremos experimentar un reavivamiento, además de cosechar para el reino de Dios y si queremos llevar adelante las misiones locales, entonces hay que incluir a los inmigrantes latinos indocumentados en nuestra visión evangelística. Lo más importante: deben ser tratados como personas que necesitan ayuda y amistad.

Los inmigrantes latinos indocumentados, una vez que reciben a Cristo, y son discipulados, con frecuencia se convierten en los mejores testigos del Señor Jesucristo

Se vuelven bilingües, biculturales, y entienden lo que es el dolor, la soledad y el abuso. Les encanta ir a las calles y compartir el evangelio a cualquier persona que necesita salvación. Ellos son los responsables del crecimiento evangélico en Estados Unidos. Mientras que algunas de las denominaciones evangélicas de los anglosajones están perdiendo adeptos, las congregaciones de inmigrantes latinos siguen creciendo cada vez más.

Voy a concluir con la historia de una misión que tiene un glorioso final. Me refiero a la apertura de una nueva misión en una iglesia que yo pastoreaba hace algunos años. Un día, uno de mis diáconos vino a mi oficina con un peso en el corazón y con una enorme carga sobre sus hombros. Él me dijo:

—Pastor, hace unas semanas pasé por la calle Elm, mientras conducía, vi por lo menos 100 trabajadores migrantes que esperaban por un contratista para que los empleara. El clima los golpeaba, hacía frío, tanto que congelaba y algunos de ellos ni siquiera tenían una chaqueta. Pastor, yo siento compasión en mi corazón por estas personas. ¿Qué podemos hacer al respecto?

Mi respuesta fue:

—¿Qué te sugiere tu corazón, junto al Espíritu Santo, que debemos hacer?

Me respondió que quería comenzar un ministerio para darles pan, café, colchas y palabras de aliento. Le dije:

—Adelante, tienes mi bendición y mi apoyo.

Me regocija decirles que después de tres años de dicho ministerio, como resultado de la compasión, firmamos un contrato con una iglesia afroamericana que nos abrió las puertas y que ha abierto una nueva misión para suplir las necesidades espirituales y sociales de todos los trabajadores migrantes.

¿Cuáles son nuestras prioridades respecto a los inmigrantes latinos indocumentados? ¿Qué nos dice, qué nos susurra el Espíritu Santo en nuestros oídos en la actualidad, cuando estos inmigrantes son perseguidos y se les marca no solo como ilegales, sino más aún como criminales? Una vez más, Robert Schuller, el expastor de la Catedral de Cristal, da un buen consejo cuando se trata de llegar a nuestra comunidad. Él afirma:

>«La necesidad de la gente sin iglesia determinará nuestros programas; los problemas de la gente sin iglesia determinarán nuestra estrategia; la cultura de la gente sin iglesia determinará nuestro estilo; la población sin iglesia determinará nuestros objetivos de crecimiento».[19]

Es nuestra elección. No me gustaría que la G. H. E. se olvidara de este grupo, porque forman parte de su herencia hispana. Si no somos capaces de recordar nuestras raíces, pudiéramos perder la riqueza de nuestro origen hispano. Espero y oro para que la próxima generación de líderes no pase por alto la primera generación o la 1.5, así como la nueva oleada de inmigrantes que llega a Estados Unidos. Aunque cada año disminuye el número de personas que cruzan las fronteras, creo que mientras haya pobreza, guerra, persecución y hambre en nuestros países latinoamericanos, los inmigrantes latinos seguirán llegando a las puertas de nuestras iglesias como necesitados de ayuda. Aprovechemos esta gran oportunidad para evangelizar, para mostrar el amor y la compasión de Dios; y como respuesta Él nos dará una gran cosecha para Su reino.

En lo personal, me gustaría expresar mi más profunda gratitud hacia este país por ser en verdad una tierra de oportunidades. La mayor parte de la comunidad cristiana, así como la secular han sido amables con los inmigrantes latinos, independientemente de su situación migratoria. Aunque no vine a este país como inmigrante indocumentado, Estados Unidos ha sido una bendición para mi vida. Siempre estaré agradecido del llamado de Dios a mi vida y el desarrollo del liderazgo que ha tenido lugar en esta gran nación llamada **Estados Unidos de América.**

PREGUNTAS DE ESTUDIO

1. Nombrar los tres grupos que necesitan ser evangelizados de acuerdo a nuestro espectro de evangelización.
2. ¿Qué generación de hispanos pertenece a los inmigrantes? Según los informes no confirmados, ¿cuántos indocumentados residen en Estados Unidos?
3. ¿Cuál es la mejor manera de tratar a los inmigrantes latinos, ya sean legales o indocumentados?
4. Nombrar al menos tres razones de por qué los indocumentados deben ser abrazados y no excluidos.
5. ¿Cuáles son las razones por las que los inmigrantes latinos indocumentados, una vez que reciben a Cristo y son discipulados, con frecuencia se convierten en los mejores testigos del Señor Jesucristo?

PREGUNTA DE DIÁLOGO PARA GRUPOS

Las palabras de la obra de Dallas Willard, *The Divine Conspiracy Continued* [La divina conspiración continúa], en referencia al amor y la compasión, están en lo cierto; él apunta: «Tenemos que ser capaces de valorar y amar a las personas como son, estemos de acuerdo o no con sus decisiones o puntos de vista. Sobre todo, debe interesarnos su prosperidad y los bienes que contribuirán a su florecimiento».

Usar esta cita para tener una discusión de grupo sobre el papel de los cristianos respecto a los indocumentados en Estados Unidos.

PROYECTO

¿Tiene su iglesia o denominación un programa para evangelizar a la comunidad indocumentada? Si no es así, asignar a un grupo de personas para desarrollar una estrategia o programa para evangelizar a su comunidad de indocumentados.

Capítulo 11

MENTORÍA

He estado en el ministerio desde 1979. De cruzadas evangelísticas a conferencias de jóvenes; y del ministerio pastoral a la enseñanza y la predicación en diferentes partes del mundo; y puedo decir que he sido bendecido con la oportunidad de marcar una diferencia en otras generaciones, especialmente en el ámbito de la mentoría, a través del discipulado. Durante la primera fase de mi ministerio, fue difícil encontrar un mentor entre los ministros o líderes que me diera la oportunidad de desarrollar y ejercer los dones ministeriales que Dios me había dado. Era difícil conseguir invitaciones para ministrar, y mucho menos predicar en las grandes cruzadas. Después de dar muchas cruzadas a nivel local y en el extranjero, yo esperaba una oportunidad para servir en una cruzada unida dentro de mi propia denominación en Estados Unidos. Durante el primer trimestre de 1991, esa oportunidad llegó.

Andrés, un pastor y líder de una sección de las iglesias en California, era el encargado de organizar una cruzada unida. Él me había oído predicar antes y gentilmente me extendió una invitación para que fuera el orador principal de su cruzada unida. La mayoría de los pastores que participaban en la cruzada no estaban de acuerdo con él. Su argumento se basaba en el hecho de que yo era demasiado joven, que carecía de experiencia y madurez para predicar a sus congregaciones y a sus ministros. Sin embargo, Andrés fue persistente y al final convenció a los pastores para que me dieran la oportunidad de ser el orador de la cruzada. Él les dijo: «Si la cruzada no tiene éxito, yo personalmente asumiré la culpa y la responsabilidad; sin embargo, creo en Maynor, y sé que a pesar de que es joven, el Señor lo usará en gran medida; y será una bendición para todos nosotros».

La cruzada fue un éxito. Un gran número de personas aceptó al Señor, y miembros de la iglesia, así como los pastores que asistieron al evento declararon que ellos también habían sido ministrados. La iglesia estaba tan llena que un gran número de asistentes no pudo entrar en el santuario. Fueron conducidos a la zona preparada para el exceso de público con el fin de que escucharan el mensaje. Otros no pudieron escucharlo desde esta área, por lo que tuvieron que escuchar el servicio desde el estacionamiento de la iglesia a través de altavoces.

Doy gracias a Dios por lo que hizo en esa cruzada. También le agradezco a Andrés que estuvo dispuesto a arriesgarse conmigo; él creyó en mí. Como resultado, no solo la cruzada fue un éxito, sino que abrió el camino a muchas invitaciones para otras cruzadas. Nunca olvidaré a Andrés; él fue la persona que el Señor utilizó, el que puso su reputación en juego con el fin de darme una oportunidad de servir a un nivel superior. Nosotros debemos ver y tratar a los miembros de nuestra generación más joven como líderes en formación; ellos necesitan mentores, así como líderes que estén dispuestos a correr un riesgo con ellos. Debemos darles oportunidades ministeriales. Una vez que hayan recibido una capacitación y mentoría adecuadas, ellos necesitan ser lanzados en aguas más profundas. Ellos son como barcos que esperan navegar, y no fueron hechos para permanecer anclados en el puerto. John

A. Shedd dijo una vez: «Un barco en el puerto está a salvo; sin embargo, para eso no se construyen los barcos».[1]

Como parte de mi investigación, he tenido la oportunidad de entrevistar a los tres directores generales de un Distrito Hispano de las Asambleas de Dios. Cada uno de ellos ha manifestado su carga por la G. H. E. Además, han expresado tres áreas que también necesitan nuestra atención: «Necesitamos más ministros jóvenes en nuestro distrito; necesitamos plantar más misiones; y tenemos que mentorear a la próxima generación de líderes».[2] Es fundamental tener en cuenta que hemos venido abordando estas inquietudes a través del curso del desarrollo de este proyecto. En la última sección de este libro, me gustaría hacer hincapié en la necesidad de dos programas en nuestras denominaciones hispanas que podrían ayudar a la transición de este libro de la teoría a la práctica.

El primer programa se centrará específicamente en la mentoría de los futuros líderes de la G. H. E. El segundo programa se centrará en la necesidad de abrir un Centro Hispano para el Desarrollo del Liderazgo (HCLD, por sus siglas en inglés). Por ejemplo, Misión Ebenezer, bajo el liderazgo de Isaac Canales (como se mencionó anteriormente) es un verdadero ejemplo de mentoría para la G. H. E. Él ha sido mentor de dos de sus hijos que pertenecen a la tercera generación, quienes actualmente trabajan como pastores asociados a su lado. A uno de ellos, un equipo de béisbol de Grandes Ligas le ofreció un contrato, pero lo rechazó con el fin de responder al llamado al ministerio.

PROGRAMA DE MENTORÍA

¿Qué es mentoría? Es un proceso mediante el cual un líder maduro o de mayor edad se identifica con otra persona, que por lo general es más joven, y asume la responsabilidad de derramar sus experiencias, éxitos e incluso fracasos en su vida. Uno de los objetivos de un mentor es el desarrollo del liderazgo. Clinton da la siguiente definición de mentoría:

La mentoría se refiere al proceso en el que una persona con una actitud dadivosa, alentadora y de servicio (el mentor) ve un potencial de liderazgo en una persona aún por desarrollarse (el protegido), y es capaz de promover o de otra manera influir significativamente en el protegido para que alcance su potencial.[3]

En nuestro segmento anterior, yo introduje el concepto de un modelo de cuadrantes para el discipulado (intencional, relacional, relevante y experiencial). En esencia, se espera que el programa de mentoría propuesto sea un plan de acción que garantice la implementación del cuadrante de discipulado previamente especificado. Creo que a cada líder se le ha dado el mandato de identificar candidatos futuros para el liderazgo dentro de sus respectivas comunidades ministeriales. Es de vital importancia tener en cuenta que podemos observar con claridad las estrategias de mentoría que tienen lugar a lo largo de los relatos bíblicos. Ejemplos significativos de mentoría son cuando Moisés fue mentor de Josué, Jesús fue mentor de Sus discípulos, y cuando Pablo lo fue para Timoteo. En la actualidad, tenemos pastores y líderes laicos en nuestras denominaciones hispanas cuyas experiencias valiosas en el ministerio pueden ser beneficiosas para promover y ejercer la mentoría. Usted no tiene que ser un experto para influir y ser mentor de otra persona. En su libro *Connecting* [Conexión], Paul Stanley y Robert Clinton invitan a los líderes a participar en un proceso de mentoría que va a cambiar y a transformar vidas. Ellos afirman:

No es necesario saber «todas las respuestas» o asumir un papel en la enseñanza para ser de bendición a un aprendiz. Escuchar, afirmar, sugerir, compartir experiencias y orar juntos son contribuciones inestimables que dan confianza, perspectiva y ayuda práctica a un joven aprendiz.[4]

La mentoría ayuda a que el futuro líder se involucre en el desarrollo personal del liderazgo junto a su aprendiz. Las posiciones que nuestra futura generación ocuparán requieren una capacitación adecuada y personal. Sam Farina, evangelista y *coach* certificado, dice que los líderes jóvenes a menudo se benefician de una capacitación tipo sombra, donde el entrenador observa al líder en sus actividades cotidianas y le ofrece retroalimentación inmediata.[5] ¿Por qué debemos capacitar a nuestra generación más joven? Sam afirma que: «Los jóvenes de hoy están siendo empujados a ocupar posiciones de liderazgo que requieren sabiduría y madurez mucho más allá de lo que uno podría esperar de ellos, teniendo en cuenta su edad y experiencia».[6] Me complace informar que una denominación hispana, el Distrito Latinoamericano del Pacífico Norte (NPLAD), ha propuesto recientemente un ministerio de mentoría dirigido a la G. H. E. El nombre de este nuevo ministerio es Influencia con Impacto (IWI, por sus siglas en inglés) y su lema es «Nuestras vidas, Su llamado». Su declaración de misión y visión expresan lo siguiente:

Declaración de misión
IWI se ha comprometido con la formación de un Ministerio de mentoría en cada iglesia local, que se centre en la identificación, desarrollo y mentoría de los jóvenes líderes emergentes dentro del cuerpo de Cristo; con el propósito de dirigir, edificar y llevar a la iglesia o ministerio al siguiente nivel.

Declaración de visión
IWI ayudará a moldear a las personas que darán forma a nuestro mundo.
IWI ayudará en el proceso de desarrollo de la mentoría.
IWI ayudará con la formación espiritual de la mentoría.
IWI se comprometerá a proporcionar los recursos adecuados para ayudar tanto al mentor como al aprendiz en este proceso.[7]

Este programa de mentoría ha sido recientemente adaptado por el NPLAD. Creemos que este programa tiene el potencial de estimular a nuestra próxima generación para comenzar su travesía hacia el ministerio.

CENTRO HISPANO PARA EL DESARROLLO DEL LIDERAZGO

«Toda Escritura es inspirada por Dios y útil para enseñar, para reprender, para corregir, para instruir en justicia» (2 Timoteo 3:16).

En el relato del Antiguo Testamento, vemos que el profeta Elías tenía un centro para el desarrollo del liderazgo, que se llamó «La escuela de los hijos de los profetas» (2 Reyes 2:3-15). En el Nuevo Testamento, un rabino llamado Jesús tenía una escuela móvil de ministerio con al menos doce estudiantes. Desde la década de 1920 hasta la actualidad, al menos cuatro superintendentes anteriores en nuestras Asambleas de Dios Latinoamericanas han desempeñado un papel importante en el desarrollo de nuevos líderes para las próximas generaciones. H. C. Ball fue el fundador del Instituto Bíblico Latinoamericano (LABI, por sus siglas en inglés) en 1926;

Bazán dio una nueva ubicación a los dos centros y colocó uno de ellos en Los Ángeles; José Girón conectó la institución LABI con el gobierno de los EE. UU. a fin de conseguir más beneficios para este; Jesse Miranda construyó los dormitorios del LABI y estableció el Seminario Teológico Latinoamericano (LATS, por sus siglas en inglés), así como un Centro para el Liderazgo Hispano. Estos esfuerzos han dado una gran cosecha de los pastores, ministros y líderes que actualmente prestan servicio en diferentes áreas del ministerio.

¿Qué legado educativo dejarían los líderes hispanos y sus respectivas denominaciones a la siguiente generación? Nosotros como hispanos hemos sido etiquetados como un grupo que ama «la capacitación en el puesto de trabajo».[8] A pesar de que «la capacitación en el puesto de trabajo» es buena, aún nos falta la formación teológica. En general, no nos gusta leer, escribir ni entrar en un seminario para adquirir una instrucción teológica. Sin embargo, tengo fe en que nuestra próxima generación de líderes marcará una gran diferencia en el futuro. Creo firmemente que ellos serán los futuros escritores, profesores, teólogos y apologistas cristianos. Ellos harán que la población cristiana hispana se sienta orgullosa. Mientras tanto, a nosotros nos corresponde allanar el camino para su formación teológica.

El profesor de una de mis clases de liderazgo en la Azusa Pacific University nos pidió escribir un artículo sobre nuestras metas futuras de liderazgo (otoño de 1997, profesor Gordon Coulter). Yo escribí sobre mi deseo de abrir un centro educativo hispano. Lo que no sabía en ese momento era que en realidad yo abriría un centro para el desarrollo del liderazgo. He sido bendecido con la oportunidad de preparar el terreno para los centros de educación bíblica hispana, los cuales han sido fundamentales en la cosecha de los líderes del futuro. En el pasado, las instituciones como Vanguard University, el Seminario Teológico Fuller, el Instituto Bíblico Latinoamericano (LABI) y el Seminario Teológico

Latinoamericano (LATS) han aunado esfuerzos con el Centro de Adoración Nuevo Amanecer (la iglesia en la que yo fui pastor por más de 15 años) para formar a los futuros líderes.

Este centro se dirige a la primera generación de hispanos en dos niveles diferentes: el primero es a través de un instituto bíblico llamado: Instituto Bíblico Latinoamericano (LABI San José) y el segundo es a través de un seminario teológico llamado: Seminario Teológico Latinoamericano (LATS, extensión Fremont). También nos hemos asociado con el Seminario Teológico Fuller, que actualmente está ofreciendo un programa de Maestría en español (esta institución fue trasladada recientemente a una nueva ubicación). Aunque estoy agradecido por todos estos logros, todavía falta un componente importante: un centro hispano que tenga como objetivo capacitar a la próxima generación de líderes. Lamentablemente hay que admitir que no tenemos suficientes o ninguna institución hispana en nuestras denominaciones que responda a esta tarea específica.

Estamos muy agradecidos por LABI, LATS, Azusa Pacific University, Vanguard University, el Seminario Teológico Fuller y otros seminarios teológicos y universidades cristianas, que han allanado el camino para la capacitación ministerial; sin embargo, tenemos necesidad de una institución que tenga el objetivo primordial de capacitar a la nueva generación de nuestras denominaciones hispanas en crecimiento. De la misma manera que las instituciones anteriores han sido establecidas para servir a sus generaciones, nuestros líderes deben hacer un esfuerzo para establecer una institución para las generaciones posteriores.

Debido a que soy un soñador, yo visualizo una futura universidad cristiana hispana, una denominación hispana angloparlante, y un centro hispano que sirve a la generación emergente. Nuestras actuales instituciones cristianas hispanas sirven principalmente a la primera generación y a la 1.5. Las clases se dan solo en español y estas instituciones pertenecen a otros distritos. Por lo tanto, la apertura del centro que yo visualizo es vital y urgente. La Biblia dice: «El hierro con hierro se afila, y un hombre aguza a otro» (Proverbios 27:17), y de la misma manera, el Centro hispano puede enfocar sus esfuerzos en aguzar y equipar a la próxima generación de líderes.

Algunos de nuestros jóvenes salen actualmente de nuestras iglesias en busca de una capacitación teológica relevante. Su búsqueda de capacitación ministerial los lleva a algunas instituciones que no son sensibles a los retos hispanos; además, su capacitación bíblica o teológica no siempre tiene una visión hispana en mente. Doy gracias a Dios porque las escuelas de teología donde he recibido mi educación teológica, siempre me han desafiado a volver y servir a mi comunidad cristiana hispana. En las páginas que siguen voy a presentar un modelo corto de la composición de un centro hispano.

Este centro tendrá como objetivo alistar estudiantes de último año de preuniversitario

Un dato fundamental establece que al menos el 70% de los graduados de preuniversitario que se inscriben en las universidades se apartan de su fe.[9] Podemos discutir sobre si esta estadística es correcta o no, sin embargo, una cosa está clara, y es la necesidad de un centro que procure cambiar esta estadística, invitando a los estudiantes de último año de preuniversitario para que entreguen al menos un año de sus vidas al Señor. Después de su graduación, se les pedirá que se comprometan a pasar al menos un año de capacitación a tiempo completo, en el Centro Hispano para el Desarrollo del Liderazgo (HCLD, por sus siglas en inglés).

Hace algunos años, leí la estadística anterior, que no solo me sorprendió, sino que más aún, me rompió el corazón. Entre el 60% y el 70% de los estudiantes de preuniversitario en transición de la iglesia a la universidad nunca más regresan a la iglesia. Esta estadística puede ser exacta o no; sin embargo, yo la tomé en serio. Hice algunas investigaciones, y compré un libro titulado *How to Stay Christian in College* [Cómo seguir siendo cristiano en la universidad], y abrí un estudio bíblico semanal en mi casa. Me siento feliz de informar que todos los estudiantes universitarios y de preuniversitario que asisten a este estudio bíblico, están sirviendo al Señor. La mayoría de ellos son líderes de iglesias y miembros fieles. Aunque algunos por razones relacionadas con el trabajo o por mudarse a otro lugar ya no están en la iglesia madre, están activos en sus respectivas iglesias. Tenemos estudiantes que han estudiado o están actualmente matriculados en universidades de prestigio como Berkeley, Harvard, Columbia, solo por mencionar algunas.

Un plan de estudios bíblico que es relevante para la generación emergente

El plan de estudios constará de al menos 18 unidades de cursos bíblicos, 12 unidades de teología, 15 unidades de cursos de ministerio eclesiástico y 16 unidades de cursos de liderazgo. Al término de estas unidades, el alumno obtendrá un diploma en estudios de liderazgo bíblico.

Plan de estudios de educación general

El objetivo de este programa de estudios es proporcionar a los estudiantes cursos de educación general que son transferibles a las escuelas preuniversitarias estatales o universidades. Si los estudiantes desean estudiar diferentes carreras, al menos tendrán una buena ventaja. A menudo, las universidades cristianas están dispuestas a dar crédito a los estudiantes que han tomado cursos bíblicos.

Clases en línea fuera del campus y Polycom

Este programa puede ser una opción para los estudiantes que, por cualquier razón, no pueden asistir al centro hispano, pero están dispuestos a inscribirse en el programa de liderazgo. Aparte del hecho de que los estudiantes podrán inscribirse en las clases en línea, también podrán tener la opción de tomar sus clases con la ayuda de la tecnología de comunicación como Polycom, que es un sistema tecnológico que permite a los estudiantes en cualquier parte del mundo participar en clases en las que pueden interactuar. El objetivo de este sistema es aumentar el espectro de cómo brindar las clases, así como aprovechar la última tecnología disponible.

Las clases se ofrecerán en inglés

Nuestras instituciones actuales ofrecen sus clases solo en idioma español. Por lo tanto, este programa ha sido desarrollado con la G. H. E. en mente. Lo que proponemos actualmente es un programa en inglés.

Una filial para estudiantes de la primera generación

Tenemos ministros, líderes y laicos de la primera generación que necesitan capacitación. La mayor parte de este grupo no tiene el tiempo o los recursos para asistir a una institución en el campus. Creo que el sistema que mejor funciona para ellos es a través de las extensiones. De esta manera, el alumno será capaz de tomar clases en español fuera del campus.

Acreditación

El HCLD iniciará el proceso largamente esperado de lograr una institución hispana acreditada. Azusa Pacific University, donde comencé mis estudios en 1992, se formó en 1930, con el nombre de Los Ángeles Pacific College. Hoy en día, es una institución acreditada y sirve a miles de estudiantes en diferentes lugares. Gracias al liderazgo y los esfuerzos de Enrique Zone, Vicedecano de Centros Regionales y Programas Multiculturales de la Azusa Pacific University, en la actualidad los hispanos que asisten a la universidad pueden disfrutar de su nuevo centro de estudios teológicos. Este centro se dedica a la capacitación de pastores y líderes de diferentes denominaciones.

Además, el HCLD tratará de establecer una asociación con una institución acreditada por dos razones: en primer lugar, dar a los estudiantes cursos generales acreditados y transferibles; y en segundo lugar, forjar acuerdos con los colegios o universidades cristianas para otorgar créditos a los estudiantes con el fin de que obtengan un título superior en teología o ministerio.

Fondos de becas y préstamos del gobierno

Nuestras denominaciones hispanas promoverán un fondo de becas al que las iglesias, ministerios e individuos puedan donar dinero para esta causa. La asociación con una institución acreditada permitiría a nuestros estudiantes obtener préstamos del gobierno; por lo tanto, serán capaces de pagar su matrícula.

Un edificio para el Centro Hispano

El crecimiento de nuestras denominaciones hispanas requiere la compra de un nuevo edificio o la construcción de nuevas oficinas. Tengo la esperanza de que los líderes y miembros de nuestras grandes denominaciones hispanas consideren buscar una nueva propiedad con la esperanza de dar cabida no solo a nuestro futuro Centro Hispano para el Desarrollo del Liderazgo, sino quizás a otro centro que sus propias denominaciones puedan estar dispuestas a abrir.

RESUMEN

Me gustaría hacer la siguiente reflexión: lo que he presentado es solo un esbozo preliminar de lo que esperamos se pueda convertir en un centro hispano. Es un modelo que podría ajustarse y mejorarse. El modelo de mentoría presentado es tal vez el comienzo de lo que podría convertirse en una de las primeras instituciones hispanas que hace énfasis en el liderazgo de la G. H. E.

Personalmente creo que nuestras denominaciones hispanas deben tener una escuela de liderazgo. No tiene que ser una gran escuela con instalaciones imponentes al principio. Nuestras iglesias deben asociarse con sus respectivas denominaciones con el fin de lograr este objetivo. Como Eddie Gibbs, en su libro *La iglesia del futuro*, comenta: «La tarea del seminario es trabajar junto con las iglesias para ayudar a brindarles los recursos para sus múltiples ministerios en diversas situaciones misioneras en un mundo que cambia rápidamente».[10] Es importante que cada iglesia o líder de un ministerio tenga al menos un programa o sistema que lleve a cabo una capacitación bíblica sistemática. El HCLD es la respuesta a esta necesidad.

En diciembre de 1900, un grupo de estudiantes que asistieron a una escuela bíblica en Topeka (Kansas), realizaron un estudio sobre el día de Pentecostés en Jerusalén.[11] Este estudio culminó con el derramamiento del Espíritu Santo sobre sus vidas y posiblemente con el nacimiento del pentecostalismo en los Estados Unidos. Que nuestra generación emergente, a través de un estudio sistemático de la Palabra de Dios, marque el comienzo de una visita de Dios sin precedentes sobre sus vidas y sobre el mundo.

PREGUNTAS DE ESTUDIO

1. ¿Qué es la «mentoría»?
2. ¿Cuál es la declaración de misión del Distrito Latinoamericano del Pacífico Norte de las Asambleas de Dios (NPLAD), con relación a la propuesta de un ministerio de mentoría dirigido a la Generación Hispana Emergente?
3. ¿Según un dato fundamental, cuál es el porcentaje de los graduados preuniversitarios que se inscriben en las universidades, que se apartan de su fe?
4. ¿Qué es el «sistema Polycom»?
5. ¿Cuáles son algunas de las preguntas que permanecen sin respuesta y con necesidad de más investigación descritas en la sección de conclusión de este libro?

PREGUNTA DE DIÁLOGO PARA GRUPOS

¿Tiene su iglesia o su denominación un centro o programa de capacitación dirigido a la nueva generación? Compartir el programa con su grupo, de lo contrario, hablar de la posibilidad de desarrollar un programa.

CONCLUSIÓN

Las denominaciones hispanas han sido bendecidas con estrategias de desarrollo del liderazgo que han demostrado ser eficaces y fructíferas. Sin embargo, la necesidad de adoptar nuevos enfoques con la G. H. E. en mente es inevitable. La necesidad de capacitar a la próxima generación de líderes ya no puede ser ignorada. El objetivo de este libro es crear una conciencia de la necesidad de nuevos enfoques de desarrollo del liderazgo en las siguientes áreas: formación espiritual, discipulado, alcance del liderazgo intergeneracional y dirigido a los inmigrantes, ministerio de mentoría y educación teológica. Durante el proceso de escritura de este libro, llegué a la conclusión de que apenas he raspado la superficie del problema. Todavía hay muchas preguntas que quedan sin respuesta y se necesita más investigación. Algunas de las preguntas para investigaciones y consideraciones futuras son:

¿Cuál será la **composición generacional** de nuestras denominaciones de liderazgo hispano en el año 2060?
¿En qué idiomas se hablará?
¿Cuál sería nuestra relación con las iglesias anglo y su liderazgo?

Vamos a preparar el terreno para las **denominaciones hispanas angloparlantes**? Y a la luz de estas preguntas; ¿qué nuevos enfoques se necesita considerar?

Hace algunos años, mi esposa y yo tuvimos el privilegio de visitar la Universidad de Oxford en Inglaterra. Mi deseo era visitar el lugar donde John Wesley, el fundador del movimiento metodista, recibió su educación. Para nuestra sorpresa, nuestra visita nos llevó a un lugar llamado «La habitación Wesley», quizás el lugar donde había pasado incontables horas estudiando. Después de mi visita, salí de la habitación con un sentido de gratitud y una lección de su legado. Mi primer pensamiento fue: «Si Wesley tan solo supiera el legado que dejó atrás». H. C. Ball, el hombre responsable del nacimiento de las Asambleas de Dios Latinoamericanas, recibió el llamado de Dios al ministerio hispano en una iglesia metodista cuando tenía solo catorce años de edad. Creo que si la G. H. E. está debidamente capacitada, esta cuenta con el potencial para seguir el legado de Wesley y de Ball. De la misma manera, las denominaciones hispanas tienen una deuda de gratitud infinita a nuestros líderes pioneros cuyo coraje, integridad y arduo trabajo han allanado el camino para la formación de nuestras denominaciones hispanas. Oro que su legado de liderazgo y el fruto del arduo trabajo de ambos no tengan fin jamás; más bien, que continúen hasta la siguiente generación.

El futuro de nuestras denominaciones hispanas dependerá de las decisiones tomadas hoy. Tenemos frente a nosotros una gran tarea y una oportunidad única para marcar una diferencia en EE. UU. y en el mundo. Si el regreso del Señor no ocurre antes del año 2060, vamos a ver un enorme aumento de la población hispana en este país. Tendremos 119.000.000 de hispanos en Estados Unidos. Nuestra G. H. E. será diferente a la generación latina que llegó al país hace muchos años.

La generación emergente incluirá a profesionales de élite, políticos, pastores cristianos, maestros, teólogos, eruditos y tal vez apologistas. Los futuros Jonathan Edwards, John Wesley, Billy Graham, H. C. Ball, [inserte el nombre de un gran líder de su denominación] ya han nacido; solo necesitan recibir mentoría, discipulado y ser enviados. A nosotros nos corresponde prestar atención a lo que está sucediendo en este momento; tomar en serio el desarrollo del liderazgo; invertir tiempo, recursos y oración en nombre de esta generación. Tenemos la opción de ganarlos, capacitarlos y hacerlos nuestros discípulos, o de lo contrario, el mundo y las instituciones académicas seculares cambiarán sus mentes y corazones jóvenes, dando lugar a generaciones terriblemente perdidas.

Por lo tanto, capacitemos a la próxima generación de líderes, y creo que darán la mayor cosecha de almas e iglesias; una cosecha que está más allá de nuestra imaginación. Se deben alcanzar nuevas fronteras; más almas necesitan escuchar el evangelio de Jesucristo; se necesita hacer más discipulado; y más misiones nuevas necesitan ser plantadas. Nunca debemos tener miedo de derramar nuestras vidas, experiencias y recursos en nuestra próxima generación. Moisés dejó su legado de liderazgo con Josué; Elías con Eliseo; Jesús con Sus doce discípulos; y Pablo con Timoteo y otros. **¿Quiénes son sus seguidores? ¿Quién es su aprendiz? ¿Quién va a llevar su legado?** Siento una altísima responsabilidad con respecto a la G. H. E., de la que mis dos hijas forman parte. Es mi oración que este libro contribuya a todo aquel que esté dispuesto a participar en el desarrollo del liderazgo para las generaciones futuras. Con gran humildad y con un sentido de urgencia presento este trabajo para su revisión y consideración.

Habacuc 3:2 expresa:

«Oh SEÑOR, he oído lo que se dice de ti y temí. Aviva, oh SEÑOR, tu obra en medio de los años, en medio de los años dala a conocer...».

NOTAS

INTRODUCCIÓN

1. Virgilio Z. Arceyuz, *Historia de la Iglesia Evangélica en Guatemala* (Guatemala, C.A.: Génesis Publicidad s.a., 1982), 133.
2. Ibid.
3. Sharon R. Ennis, Merary's Rios-Vargas y Nora G. Albert, "The Hispanic Population: 2010," U.S. Census Bureau (Mayo 2011): 2, http://www.census.gov/prod/cen2010/briefs/c2010br-04.pdf (consultado el 1 de febrero de 2012).
4. Jens Manuel Krogstad, "With fewer new arrivals, Census lowers Hispanic population projections," *Journal of Pew Hispanic Center* (16 de diciembre de 2014): 1, http://www.pewresearch.org/fact-tank/2014/12/16/with-fewer-new-arrivals-census-lowers-hispanic-population-projections-2/ (consultado el 18 de abril de 2016).
5. D'Vera Cohn, "Future immigration will change the face of America by 2065," *Journal of Pew Hispanic Center* (5 de octubre de 2015): 1, http://www.pewresearch.org/fact-tank/2015/10/05/future-immigration-will-change-the-face-of-america-by-2065/ (consultado el 20 de abril 2016).
6. Elizabeth Huff, "In matters of style, swim with the current... (quotation)," [En cuestiones de estilo, nada con la corriente... (cita)] *Thomas Jefferson's Monticello* (8 de junio de 2011): 1, https://www.monticello.org/site/jefferson/matters-style-swim-currentquotation (consultado el 20 de abril de 2016).

CAPÍTULO 1

1. The World Book Encyclopedia, s.v. "Juan de Oñate" por Richard A. Bartlett. Harvard Encyclopedia, s.v. "Spanish," p. 953., citado en Daniel Sanchez, *Hispanic Realities Impacting America: Implications for Evangelism & Missions* (Fort Worth, Texas: Church Staring Network, 2006), 66.
2. Wikipedia, "Treaty of Guadalupe Hidalgo," http://en.wikipedia.org/wiki/Treaty of_Guadalupe_Hidalgo (consultado el 21 de febrero de 2012).
3. Sánchez, *Hispanic Realities Impacting America*, 4-5.
4. Sharon R. Ennis, Merary's Rios-Vargas y Nora G. Albert, "The Hispanic Population: 2010," *U.S. Census Bureau* (Mayo 2011): 3, http://www.census.gov/prod/cen2010/briefs/c2010br-04.pdf (consultado 1 de febrero de 2012).
5. Cohn, "Future immigration will change," 1. Krogstad, "With fewer new arrivals," 1.
6. Cohn, "Future immigration will change," 1.
7. Krogstad, "With fewer new arrivals," 1.
8. Cohn, "Future immigration will change," 1. Krogstad, "With fewer new arrivals," 1.
9. Ibid., 4.
10. Jens Manuel Krogstad y Mark Hugo Lopez, "Hispanic population reaches record 55 million, but growth has cooled," *Journal of Pew Hispanic Center* (25 de junio de 2015): 1, http://www.pewresearch.org/fact-tank/2015/06/25/u-s-hispanic-populationgrowth-surge-cools/ (consultado 18 de abril de 2016).
11. Ennis, Vargas, "The Hispanic Population: 2010," 3.
12. U.S. Census Bureau, "The Hispanic Population in the United States: 2010 Detailed Tables," Table 1, http://www.census.gov/population/www/socdemo/hispanic/cps2010.html (consultado el 23 de febrero de 2012).
13. U.S. Census Bureau, "American Community Survey 2010," B01002H, http://factfinder2.census.gov/faces/tableservices/jsf/pages/productview.xhtml?pid=ACS_10_1YR_B01002H&prodType=table (consultado 23 de febrero de 2012).
14. Jie Zong y Jeanne Batalova, "Frequently Requested Statistics on Immigrants and Immigration in the United States," *Migration Public Institute* (4 de abril de 2016): 5, http://www.migrationpolicy.org/

article/frequently-requested-statistics-immigrants-and-immigration-united-states (consultado 25 de abril de 2016).
15. Nicholas Jones, "U. S. Census Bureau News Report," (24 de marzo de 2011): 22, http://www.census.gov/population/www/socdemo/hispanic/cps2010.html (consultado 23 de febrero de 2012).
16. National Vital Statistics Reports, Vol. 64, No. 1,"Births and birth rates, by Hispanic origin of mother and by race for mothers of non-Hispanic origin, United States 1989-2013," Table 5, http://www.cdc.gov/nchs/data/nvsr/nvsr64/nvsr64_01.pdf (consultado el 22 de abril de 2016).
17. U.S. Census Bureau, "The Hispanic Population in the United States," Table 8.
18. National Vital Statistics Reports, Vol. 64, No. 1,"Births and birth rates of unmarried women, by age and race and Hispanic origin of mother: United States, 1989-2013," Table 15, http://www.cdc.gov/nchs/data/nvsr/nvsr64/nvsr64_01.pdf (consultado el 22 de abril de 2016).
19. Pew Research Center tabulations of 2014 American Community Survey, "Statistical Portrait of Hispanics in the United States, 2014," Table 1, http://www.pewhispanic.org/files/2016/04/Statistical-Portrait-of-Hispanics-in-the-United-States-2014-final.pdf (consultado el 22 de abril de 2016).
20. Ibid. "Homeownership and Household Characteristics," Table 32.
21. Ibid. "Educational Attainment and Enrollment," Table 17.
22. Ibid. "Educational Attainment and Enrollment," Table 20.
23. Mark Hugo Lopez, "Latinos and Education: Explaining the Attainment Gap," *Journal of Pew Hispanic Center* (7 de octubre de 2009):1, http://pewresearch.org/pubs/1368/latinos-education-explaining-the-attainment-gap (consultado el 27 de febrero de 2012).
24. Richard Fry y Paul Taylor, "Hispanic High School Graduates Pass Whites in Rate of College Enrollment," *Journal of Pew Hispanic Center* (9 de mayo de 2013). http://www.pewhispanic.org/2013/05/09/hispanic-high-school-graduates-pass-whitesin-rate-of-college-enrollment/ (consultado el 22 de abril de 2016).
25. National Gang Center. "National Youth Gang Survey Analysis," *Journal of National Gang Center*: 1. http://www.nationalgangcenter.gov/Survey-Analysis (consultado el 22 de abril de 2016).
26. U. S. Census Bureau, "Language Spoken at Home by Language: 2008," Table 53, http://www.census.gov/compendia/statab/2011/tables/11s0053.pdfIbid (consultado el 27 de febrero de 2012).

CAPÍTULO 2

1. Sam Farina, "Coaching Next-Generation Leaders" *Journal of Enrichment* 17, no. 2 (Primavera 2012): 78.
2. Clifton L. Holland, *The Religious Dimension In Hispanic Los Angeles: a Protestant Case Study* (South Pasadena: William Carey Library, 1974), 54.
3. Manuel Ortiz, *The Hispanic Challenge: Opportunities Confronting the Church* (Downers Grove: Intervarsity Press, 1993), 84.
4. Jeffrey S. Passel y D'Vera Cohn, "A Portrait of Unauthorized Immigrants in the United States," *Journal of Pew Hispanic Center* (14 de abril de 2009):1, http://pewhispanic.org/reports/report.php?ReportID=107 (consultado el 29 de febrero de 2012).

CAPÍTULO 3

1. James Strong, *The Exhaustive Concordance of the Bible: Showing Every Word of the Test of the Common English Version of the Canonical Books, and Every Occurence of Each Word in Regular Order* (electronic ed. Ontario: Woodside Bible Fellowship., 1996).
2. R. L. Harris., G. L. Archer, & B. K. Waltke, eds., *Theological Wordbook of the Old Testament* (Moody Press: Chicago 1999), 844. CD-ROM (Logos Research System, Inc., 2002).
3. Ibid.
4. Ibid.
5. Ibid.
6. Diccionario de la lengua española © 2005 Espasa-Calpe, 1ª Edición. ISBN: 13:9788467019469
7. Bobby Clinton, *Leadership Emergence Theory: a Self-Study Manual for Analyzing the Development of a Christian Leader* (Altadena, California: Barnabas Resources, 1989), 7.
8. Paul J. Kissling, *Reliable Characters in the Primary History: Profiles of Moses, Joshua, Elijah and Elisha* (England: Sheffield Academic Press, 1996), 44.
9. Matthew Henry, *Matthew Henry's Commentary on the Whole Bible: Complete and Unabridged in One Volume* (Peabody: Hendrickson, 1994), 506.
10. R. Jamieson, A. R. Fausset, D. Brown, & D.A. Brown, eds., *A Commentary, Critical and Explanatory, on the Old and New*

Testaments. On spine: Critical and Explanatory Commentary (Oak Harbor, WA: Logos Research Systems, Inc. 1997), 2Kings 2:1-10. CD-ROM (Logos Research System, Inc., 2002).

CAPÍTULO 4

1. James Swanson, *Dictionary of Biblical Languages with Semantic Domains: Greek* (New Testament) (Oak Harbor: Logos Research Systems, Inc., 1997).
2. Ibid., 72.
3. Alexander B. Bruce, *The Training of the Twelve* (Grand Rapids: Kregel Publications, 1992), 12.
4. Jesse Miranda, *Liderazgo y Amistad: Un Ministerio que Transforma* (Miami: Vida, 1998), 18.
5. Jan Johnson, *Spiritual Disciplines Companion: Bible Studies and Practices to Transform Your Soul* (Downers Grove: Intervarsity Press, 2009), 15.
6. Robert K. Greenleaf, *Servant Leadership: A Journey Into The Nature Of Legitimate Power And Greatness* (New York: Paulist Press, 1977), 14.

CAPÍTULO 5

1. Statistics of the Assemblies of God, "AG. Statistical Reports 2014," p. 2, AG. World Wide Churches p.2,http://agchurches.org/Sitefiles/Default/RSS/AG.org%20TOP/AG%20Statistical%20Reports/2015%20 (year%202014%20reports)/2014%20Full%20Statistical%20Report.pdf (consultado el 12 de enero de 2016).
2. Assemblies of God, "Brief History of The Assemblies of God," front page, http://ag.org/top/about/History/index.cfm (consultado el 9 de marzo de 2012).
3. Wayne L. Goodall, *By My Spirit: The Assemblies of God 1914-2000* (Springfield: Gospel Publishing House, 2000), 6.
4. Peter C. Wagner, *Your Spiritual Gifts Can Help Your Church Grow* (Ventura: Regal Books, 1994), 14.
5. Edith Waldvogel Blumhofer, *The Assemblies of God: A Popular History* (Springfield: Gospel Publishing House, 1985), 36.
6. Ibid., 37.
7. AG, "Statistical Reports 2014," 2,3,6,8.

8. Ibid., 3.
9. Bruce Rosdahl, "Whatever the Cost: The Formative Years of H. C. Ball, Pioneer of Hispanic Pentecostalism," *Journal of Assemblies of God Heritage 31* (2001): 5-6.
10. Ibid., 5-11.
11. El nombre completo es Juanita Bazán, y no debe confundirse con Nellie Bazán, la esposa de Demetrio Bazán.
12. Rosdahl, "Whatever the Cost," 6.
13. Ibid., 7.
14. Rosdahl, "Whatever the Cost," 11.
15. Ibid., 5.
16. David Bazán, entrevistado por el autor, Burlingame (California). 16 de marzo de 2012.
17. Nellie Bazán, *Enviados De Dios* (Miami: Editorial Vida,1987), 16-29.
18. Victor De Leon, *The Silent Pentecostals: A Biographical History of the Pentecostal Movement Among the Hispanics in the Twentieth Century* (Taylors: Faith Printing Company, 1919), 95.
19. Ibid.
20. Bazán, *Enviados De Dios*, 54.
21. Bazán, *Enviados De Dios*, 108-123.
22. Ibid., 118.
23. Bazán, *Enviados De Dios*, 118.
24. Ibid., 180-184.

CAPÍTULO 6

1. Eldin Villafane, *The Liberating Spirit Toward an Hispanic American Pentecostal Social Ethic* (Grand Rapids: William B Eerdmans Publishing, 1993), 62.
2. Holland, *The Religious Dimension*, 191.
3. Ibid., 356.
4. Frank Bartleman, *Azusa Street* (Plainfield, NJ: Logos International, 1980), ix.
5. Holland, *The Religious Dimension*, 23.
6. De Leon, *The Silent Pentecostals*, 199.
7. Assemblies of God, 2014 *Annual Report: Largest 100 U. S. AG Churches, as of December 31, 2014,* (Springfield: Assemblies of God, 2014), 1,2.

8. Nick Garza, entrevistado por el autor vía telefónica, Sacramento (California). 13 de enero de 2016.
9. Statistics of the Assemblies of God, "AG. U.S. Ministers by District and Class, 2014," http://agchurches.org/Sitefiles/Default/RSS/AG.org%20TOP/AG%20Statistical%20Reports/2015%20(year%20 2014%20reports)/Ide713%202014.pdf (consultado el 13 de enero de 2016) p. 1. Statistics of the Assemblies of God, "AG. U.S. Vital Statistics by Section, 2014," http://agchurches.org/Sitefiles/Default/RSS/AG.org%20TOP/AG%20Statistical%20Reports/2015%20 (year%202014%20reports)/Acm762%202014%20Sect%20Sum.pdf (consultado el 13 de enero de 2016) p.1. Statistics of the Assemblies of God, "AG. MinistersAge Summary 2014," http://agchurches.org/Sitefiles/Default/RSS/AG.org%20TOP/AG%20Statistical%20 Reports/2015%20%28year%202014%20reports%29/Sol766%20 2014%20Sum.pdf (consultado el 13 de enero de 2016) p. 201.
10. Ibid., 6.
11. Assemblies of God, AG. *Ministers Age Summary 2014*, 201.
12. Northern Pacific Latin American District, *Constitution*, art. 2, sec. 1-2.
13. Raul Sanchez, entrevistado por el autor, Sacramento (California). 2 de febrero de 2012.

CAPÍTULO 7

1. Miranda, *Liderazgo y Amistad*, 18.
2. Miranda, 31.

CAPÍTULO 8

1. Swanson, "Dictionary of Biblical Languages."
2. Ibid.
3. Clinton, *Leadership Emergence Theory*, 72.
4. Alister E. McGrath, *Christian Spirituality: An Introduction* (Oxford: Blackwell, 1999), 2.
5. Ralph Martin, *The Worship of God* (Michigan: William B. Eerdmans Publishing Company, 1982), 5.
6. The New Unger's Bible Dictionary, "Worship" (Illinois: Moody Press of Chicago, 1988). CD-ROM (Logos Research System, Inc., 2002).
7. Ralph Martin, *Worship In The Early Church* (Grand Rapids: William B. Eerdmans Publishing House, 1964), 10.

8. Martin, *The Worship of God*, 5.
9. Everret Ferguson, "How Christians Worship," *Journal of Christian History 37* (1998): 10-12.
10. Martin, *The Worship of God*, 17.
11. Richard J. Foster, *Prayer: Finding The Heart's True Home* (New York: Harper, San Francisco, 1992).
12. St. Patrick, "The Breastplate of St. Patrick": traducido del galés por Cecil Frances Humphreys Alexander, 1889. Jane Johnson, "Contemplative Spirituality" (Conferencia, Azusa Pacific University, Azusa (California). 14 de octubre de 2011).
13. Leo Grebler., Joan Moore., Ralph Guzman., et al. *The Mexican-American People: The Nation's Second Largest Minority* (New York: The Free Press, 1970), 296-297, 426-427, citado por Clifton L. Holland, *The Religious Dimension In Hispanic Los Angeles: a Protestant Case Study* (South Pasadena: William Carey Library, 1974), 125.
14. Ibid.,125.
15. Assemblies of God, "2014 Annual Report: Largest 100 U. S. AG Churches," 1,2.
16. Holland, *The Religious Dimension*, 457.
17. Ortiz, *The Hispanic Challenge*, 128.
18. Jessica Martínez y Michael Lipka, "Hispanic Millennials are less religious than older U.S. Hispanics," *Journal of Pew Hispanic Center* (8 de mayo de 2014): 1, http://www.pewresearch.org/fact-tank/2014/05/08/hispanic-millennials-are-less-religious-than-older-u-s-hispanics/ (consultado el 26 de abril de 2016).
19. Robin Maas, Gabriel O'Donnell, O.P., eds., *Spiritual Traditions for the Contemporary Church* (Nashville: Abingdon, 1990), 18.

CAPÍTULO 9

1. Swanson, "Dictionary of Biblical Languages".
2. Keith Matthews, "Leadership Spirituality" (Conferencia, Azusa Pacific University, Azusa (California). 5 de enero de 2010).
3. Dallas Willard, The Great Omission (Harper: San Francisco, 2006), xiv.
4. Dallas Willard, The Divine Conspiracy: Rediscovering Our Hidden Life in God (Harper: San Francisco, 1998), 41.
5. Dallas Willard, "Why Bother With Discipleship, I call it Heresy," Journal of Renovare Perspective 5, no. 6 (Octubre de 1995): 1, http://

www.dwillard.org/articles/artview.asp?artID=71 (consultado el 22 de junio de 2012).
6. Dietrich Bonhoeffer, The Cost of Discipleship, citado por John R. Tyson, Invitation to Christian Spirituality: An ecumenical Anthology (New York: Oxford University Press, 1999), 391,392.
7. Alexander Balmain Bruce, The Training of the Twelve (Grand Rapids: Kregel Publications, 1992) 39.
8. Clinton, Leadership Emergence Theory, 69.
9. Robert J. Clinton, The Making of A Leader (Colorado Springs: NavPress, 1988), 44.
10. Ibid.
11. Miranda, Liderazgo y Amistad, 31.
12. Lenguaje chat. Más información sobre este tema en https://es.wikipedia.org/wiki/Lenguaje_chat , (consultado 12 de julio de 2016).
13. Holland, The Religious Dimension, 176.
14. David Kinnaman, "A Note from David Kinnaman," e-mail de parte del autor. 7 de diciembre de 2011.
15. Robert Schuller, una cita de George Hunter III, Church for the Unchurched (Nashville: Abingdon, 1996), 71.
16. Dallas Willard, y Gary Black Jr. The Divine Conspiracy Continued: Fulfilling God's Kingdom on Earth (New York: Harper Collins, 2014), 31.
17. Eldin Villafañe, The Liberating Spirit: Towards an Hispanic American Pentecostal Social Ethics (Grand Rapids: William B. Eerdmans, 1993), 102.
18. Clinton, Leadership Emergence Theory, 74.
19. Diccionario de la Real Academia Española. 23.ª edición. Madrid: Espasa Libros, S. L. U., 2014.
20. Diccionario Espasa. Diccionario de la lengua española. ISBN:84-239-9452-X.
21. James L. Garlow, Partners in Ministry (Kansas: Beacon Hill Press, 1981), 103.
22. Clinton, Leadership Emergence Theory, 432.

CAPÍTULO 10

1. Gene A. Getz, *Sharpening the Focus of the Church* (Chicago: Moody Press, 1974), 22.
2. Holland, *The Religious Dimension*, 457.

3. Ibid., 405.
4. John R. W. Stott, *Christian Mission in the Modern World* (Illinois: Intervarsity Press, 1975), 23.
5. Mary Douglas, *Purity and Danger: An analysis of the Concepts of Pollution and Taboo* (London: Routlegle, 1966), citado por Miroslav Volf, *Exclusion & Embrace: A Theological Exploration of Identity, Otherness, and Reconciliation* (Nashville: Abingdon, 1996), 77-78.
6. Juan Gonzales, *Harvest of Empire: A History of Latinos in America* (New York: Penguin Group, 2000), 135-136.
7. Ibid., 138.
8. Leo R. Chavez, *Shadowed Lives: Undocumented Immigrants In American Society* (Wadsworth: Irvine, 1998), 40.
9. Para mayor información sobre este tema, diríjase a https://es.wikipedia.org/wiki/Ley_Arizona_SB1070 (consultado 12 de julio de 2016).
10. Jens Manuel Krogstad, Ana Gonzalez-Barrera "Number of Latino children caught trying to enter U.S. nearly doubles in less than a year," *Journal of Pew Hispanic Center* (10 de junio de 2014): 1, http://www.pewresearch.org/fact-tank/2014/06/10/numberof-latino-children-caught-trying-to-enter-u-s-nearly-doubles-inless-than-a-year/ (consultado el 25 de abril de 2016).
11. Glen H. Stassen, David P. Gushee, *Kingdom Ethics: Following Jesus In Contemporary Context* (Illinois: Inter Varsity Press, 2003) 39.
12. Willard y Black Jr., *The Divine Conspiracy Continued*, 105.
13. G. Frank, "U.S. Baja Officials to act on Border Strife," Los Angeles Times, Sec. 2, p. 161. Citado por Leo R. Chavez, *Shadowed Lives: Undocumented Immigrants In American Society* (Wadsworth: Irvine, 1998), 61.
14. Walter Wink, *Engaging The Powers: Discernment and Resistance in a World of Domination* (Minneapolis: Augsburg Fortress, 1992), 263.
15. Monica McGoldrick, Kenneth V. Hardy, *Re-Visioning Family Therapy* (New York: The Guilford Press, 2008), 25.
16. Manz, Beatriz, Perry-Houts, Ingrid, Castaneda, Xochitl. "Guatemalan Immigration to the San Francisco Area," *Center for Latino Policy Research, UC Berkeley*, 9 de septiembre de 2000. http://escholarship.org/uc/item/6t20159p?pageNum=10# (consultado el 31 de marzo de 2012).

17. Daryl Arnold, Jerry Brown, Cesar Chavez, "The Fight in the Fields: Cesar Chavez and The Farmworkers' Struggle," DVD-ROM (Cinema Guild, 2007).
18. Bryant L. Myers, *Walking With The Poor* (New York: Orbis Books, 1999), 35.
19. Ibid., 71.

CAPÍTULO 11

1. Fred R. Shapiro, "John A. Shedd," *The Yale Book of Quotations* (New Haven: Yale University Press, 2006), Pág. 705. Citado por Garson O'Toole, "A Ship in Harbor Is Safe, But that Is Not What Ships Are Built For," Garson O'Toole Blog, entry posted (9 de diciembre de 2013): 1. http://quoteinvestigator.com/2013/12/09/safe-harbor/ (consultado el 24 de marzo de 2016).
2. Sanchez, entrevistado por el autor, Sacramento (California). 2 de febrero de 2012.
3. Clinton, *Leadership Emergence Theory*, 186.
4. J. Robert Clinton y Paul D. Stanley., eds., *Connecting: The Mentoring Relationship You Need to Succeed In Life*. Colorado Springs: NavPress, 1992), 24-25.
5. Sam Farina, "Coaching Next-Generation Leaders," *Journal of Enrichment* 17, no. 2 (Spring 2012): 79.
6. Ibid., 79.
7. NPLAD, "Influence With Impact Manual," 1.
8. Holland, *The Religious Dimension*, 468.
9. Brian Raison según cita de Jeff Schadt "Going Going Gone: Protecting Teens' Hearts That Are On The Edge" http://ytn.org/documents/GoingGoingGoneExcerpts.pdf 2. (consultado el 8 de junio de 2012).
10. Eddie Gibbs, *Church Next: Quantum Changes in How We Do Ministry* (Downers Grove: Intervarsity Press, 2000) 93.
11. Goodall, *By My Spirit*, 9-10.

SOBRE EL AUTOR

El Dr. Maynor Morales es ministro ordenado de las Asambleas de Dios. Él sirvió como pastor principal de la iglesia bilingüe Centro de Adoración Nuevo Amanecer/New Dawn Worship Center en Fremont (California) por más de quince años. También sirvió como director de evangelismo y presbítero ejecutivo en un distrito hispano de las Asambleas de Dios. En el área de la educación cristiana, él ha estado impartiendo cursos sobre estudios bíblicos y teología desde 1994. Fue director del Instituto Bíblico Latinoamericano (LABI, por sus siglas en inglés), extensión Fremont, desde 2002–2013, y del Seminario Teológico Latinoamericano (LATS, por sus siglas en inglés), extensión Fremont, desde 2007–2013.

El padre del Dr. Morales (Matías Morales) fue plantador de iglesias, pastor y misionero por más de setenta años. La mentoría y el legado de su padre allanaron el camino a la pasión que el Dr. Morales siente por el evangelismo, el desarrollo del liderazgo y el empoderamiento de la generación emergente. Su deseo de ver nuevos convertidos y más discípulos en el reino de Dios es la razón principal de sus viajes alrededor del mundo en los últimos treinta y siete años, en cruzadas evangelísticas, conferencias y seminarios. Es un miembro asociado y profesor de un ministerio llamado Ministerio Internacional Visión Misionera dirigido por el reverendo Enoc Paredes, cuyo objetivo principal es capacitar pastores y laicos para el liderazgo mediante la apertura de institutos bíblicos y centros de liderazgo para latinos en Asia, Australia y Europa.

Hace pocos años, luego de obtener su Doctorado en Ministerio en la Azusa Pacific University, el Dr. Morales, junto a su esposa Evelyn (autora de *Descubre la mujer maravilla en ti*) y sus dos hijas, Krystal y Tiffany, respondieron a un llamado del Señor a fundar una iglesia en Fort Worth (Texas), donde residen actualmente.

Para invitaciones a conferencias, usted puede contactar al Dr. Morales a través de la siguiente dirección de correo electrónico: moralestx1@gmail.com, o en Facebook: www.facebook.com/drmaynormorales. También le puede escribir a: P.O. Box 136761, Lake Worth, TX, 76136.

Sobre El Autor

Si este libro le ha sido de bendición, comparta el mensaje de las siguientes formas:

- Adquiera una copia y bendiga a su líder, pastor, maestro o miembro de la Generación Hispana Emergente.
- Recomiéndelo a entidades educacionales cristianas para su consideración.
- Considere su utilización como manual para estudios relacionados con este tópico en grupos pequeños o grupos de compañerismo.
- Compártalo en las redes sociales, o escriba un comentario en línea sobre el libro.
- Escríbanos y díganos si le ha sido de ayuda.
- Contacte al Dr. Maynor Morales para invitaciones (cruzadas evangelísticas, enseñanza de cursos bíblicos o seminarios sobre liderazgo).
- Ore por nosotros y nuestro ministerio. Nuestro deseo es ser de bendición y compartir el evangelio con todos, en todo lugar y a cualquier costo.

CPSIA information can be obtained
at www.ICGtesting.com
Printed in the USA
LVOW01s0211270816
502053LV00024B/97/P

9 781498 482141